essentials

essentials liefern aktuelles Wissen in konzentrierter Form. Die Essenz dessen, worauf es als „State-of-the-Art" in der gegenwärtigen Fachdiskussion oder in der Praxis ankommt. *essentials* informieren schnell, unkompliziert und verständlich

- als Einführung in ein aktuelles Thema aus Ihrem Fachgebiet
- als Einstieg in ein für Sie noch unbekanntes Themenfeld
- als Einblick, um zum Thema mitreden zu können

Die Bücher in elektronischer und gedruckter Form bringen das Expertenwissen von Springer-Fachautoren kompakt zur Darstellung. Sie sind besonders für die Nutzung als eBook auf Tablet-PCs, eBook-Readern und Smartphones geeignet. *essentials:* Wissensbausteine aus den Wirtschafts-, Sozial- und Geisteswissenschaften, aus Technik und Naturwissenschaften sowie aus Medizin, Psychologie und Gesundheitsberufen. Von renommierten Autoren aller Springer-Verlagsmarken.

Weitere Bände in der Reihe http://www.springer.com/series/13088

Alexander Thomas

Kulturelle Integration von Migranten und Flüchtlingen im Berufskontext

Ein praktischer Leitfaden für Unterstützer und Helfer aus psychologischer Sicht

 Springer Gabler

Alexander Thomas
Köln, Deutschland

ISSN 2197-6708   ISSN 2197-6716   (electronic)
essentials
ISBN 978-3-658-22653-4   ISBN 978-3-658-22654-1   (eBook)
https://doi.org/10.1007/978-3-658-22654-1

Die Deutsche Nationalbibliothek verzeichnet diese Publikation in der Deutschen Nationalbibliografie; detaillierte bibliografische Daten sind im Internet über http://dnb.d-nb.de abrufbar.

Springer Gabler

Gedruckt auf säurefreiem und chlorfrei gebleichtem Papier

Springer Gabler ist ein Imprint der eingetragenen Gesellschaft Springer Fachmedien Wiesbaden GmbH und ist ein Teil von Springer Nature
Die Anschrift der Gesellschaft ist: Abraham-Lincoln-Str. 46, 65189 Wiesbaden, Germany

Was Sie in diesem *essential* finden können

- Eine Einführung und Analyse der Anforderungen an Helfer und Unterstützer zur Förderung einer effektiven Integration von Flüchtlingen und Migranten in die aufnehmende Gesellschaft
- Einsichten in unterschiedliche Formen der Akkulturation und die besonderen Herausforderungen der Integration
- Analyse wichtiger Merkmale und Verlaufsprozesse sowie Wirkungen interkultureller Handlungskompetenz zur fachspezifischen Qualifizierung für die Migrations- und Flüchtlingsarbeit
- Die Behandlung wissenschaftlich als besonders wirksam erwiesener Lern- und Trainingsmethoden zur Entwicklung interkultureller Handlungskompetenz
- Hinweise auf die Entwicklung einer effektiven Beratungspraxis im Umgang mit Migranten und Flüchtlingen

Vorwort

Viele betrachten eine gelungene kulturelle Integration als Schlüssel zum friedlichen Zusammenleben zwischen Migranten und Flüchtlingen und der einheimischen Bevölkerung in Deutschland. Oft wird unter kultureller Integration allein das Erlernen und Beherrschen der deutschen Sprache verstanden und nur wenigen ist bewusst, dass mehr erforderlich ist und verlangt wird.

Die Experten im Bereich der Hilfen und Unterstützung zur Integration von Ausländern fordern darüber hinaus von den Zuwanderern das Akzeptieren und Befolgen der in Deutschland verbreiteten Werte, Normen, Verhaltensregeln, Gesetze und Vorschriften, Sitten und Gebräuche als Ziel gelungener Integration. Von den damit verbundenen Anforderungen und Herausforderungen an die zuwandernde Bevölkerung einerseits und die aufnehmende Bevölkerung andererseits ist in der öffentlichen Diskussion selten die Rede, obwohl wissenschaftlich gesicherte Forschungsergebnisse darüber Auskunft geben können.

Gerade für die ehrenamtlichen und hauptamtlichen mit der Integrationsthematik befassten deutschen und ausländischen Fachkräfte sind diese Kenntnisse von zentraler Bedeutung, um erfolgreiche Hilfen und entsprechende Unterstützungen bei der zu erbringenden Integrationsarbeit leisten zu können. In dem vorliegenden Buch finden sich dazu Anregungen, Einsichten und Hilfestellung.

Folgende Themen werden behandelt: Klärung zentraler Faktoren in Verbindung mit Gelingensbedingungen zur interkulturellen Integration; kulturelle Integration im Alltagsleben; kulturelle Integration in der Arbeit und im Berufskontext; Leitlinien zur Unterstützung von Migranten und Flüchtlingen auf dem Weg zur gelungenen kulturellen Integration.

Die Behandlung dieser Themen in Verbindung mit wissenschaftlichen Erkenntnissen zu zentralen Aspekten von kultureller Integration dient dazu, freiwilligen und hauptberuflichen Unterstützern und Helfern grundlegende und wissenschaftlich gesicherte Erkenntnisse und Methoden auf dem Weg zur gelungenen Integration von Migranten und Flüchtlingen in unsere Gesellschaft zu vermitteln.

Köln, Deutschland   Alexander Thomas

Inhaltsverzeichnis

Einleitung

Im Verlauf der massenhaften Zuwanderung von Flüchtlingen und Migranten nach Deutschland gewann der Begriff „Integration" immer mehr an Bedeutung. Vielen erscheint kulturelle Integration als der Königsweg zur Bewältigung der Herausforderungen, die mit Flucht, Vertreibung und Zuwanderung für die Immigranten einerseits und für die Mitglieder der aufnehmenden Gesellschaft andererseits verbunden sind. Selten wird die Frage gestellt, was denn kulturelle Integration eigentlich ist, was sie konkret bedeutet und wie sie erreicht werden kann. Falls dies doch einmal geschieht, dann kommt als Antwort: „Na klar! Die müssen Deutsch lernen!" Für viele ist damit das Erlernen und Beherrschen der deutschen Sprache zur zentralen Herausforderung für Integration geworden, ohne mit zu bedenken, welche Anforderungen mit dem Erlernen der deutschen Sprache in Wort und Schrift für die Personen verbunden sind. Personen, die zum Beispiel mit der arabischen Sprache, mit Farsi, Urdu u. a. als Muttersprache aufgewachsen sind. Selten wird bedacht, in welcher Zeit, mit welchem Aufwand sowie mit welchen Anstrengungen das Erlernen der deutschen Sprache in Wort und Schrift auf ein für das Alltagsleben und den Beruf ausreichendes Sprachniveau verbunden ist. Kulturelle Integration ist zudem nicht allein vom Gelingen eines ausreichenden Niveaus der deutschen Sprache abhängig, sondern von vielen weiteren Faktoren, die im Folgenden benannt, näher analysiert und auf ihre Wirksamkeit hin geprüft werden.

Gerade für die ehrenamtlichen und hauptamtlichen mit der Integrationsthematik befassten deutschen und ausländischen Fachkräfte sind diese Kenntnisse von zentraler Bedeutung, um erfolgreiche Hilfen und entsprechende Unterstützungen bei der zu erbringenden Integrationsarbeit leisten zu können.

© Springer Fachmedien Wiesbaden GmbH, ein Teil von Springer Nature 2018
A. Thomas, *Kulturelle Integration von Migranten und Flüchtlingen im Berufskontext*, essentials, https://doi.org/10.1007/978-3-658-22654-1_1

Herausforderungen

2

Mit der Integration von Flüchtlingen und Migranten hat die deutsche Bevölkerung langjährige Erfahrung. Die Integration von vielen Millionen Flüchtlingen nach dem Zweiten Weltkrieg aus den östlichen und südöstlichen ehemaligen Reichsgebieten war nicht einfach, ist aber gelungen. Die Integration angeworbener Gastarbeiter, meist aus europäischen Ländern, ist teilweise gelungen, teilweise aber auch nicht, denn manche wollten oder konnten sich nicht integrieren und manche wollen sich immer noch nicht oder können sich nicht integrieren.

Demgegenüber ist beispielsweise die Integration iranischer Flüchtlinge nach dem Regierungswechsel im Iran nahezu reibungslos gelungen.

Vielleicht ist sogar die Integration von Menschen, die wegen Flucht und Vertreibung und aus ökonomischen Gründen ihre Heimat verließen und ihre Zukunft in Deutschland suchten, häufiger gelungen, als es den Anschein hat. Denn gelungene Integration vollzieht sich meist unauffällig, führt meist nicht zu spektakulären Ergebnissen, fällt nicht besonders auf, wird nur selten publik gemacht und weniger häufig öffentlich diskutiert als misslungene Integration.

Gerade misslungene Integration wird oft als Ursachenerklärung von Kriminalität, Schul- und Bildungsversagen sowie der Entstehung von Parallelgesellschaften herangezogen und dann laut und deutlich thematisiert.

Die Vielzahl und Vielfalt an Integrationsleistungen, die im Verlauf der vergangenen Jahrzehnte in unserer Gesellschaft stattgefunden haben, musste ohne „explizite" interkulturelle Kompetenz seitens der einheimischen deutschen Bevölkerung auskommen, denn interkulturelle Kompetenz und ihre Bedeutung zur Bewältigung der mit Globalisierung und Internationalisierung unserer Gesellschaft entstandenen Herausforderungen ist ein relativ neues Thema. Dabei hat es Formen „implizierter", also nicht sogenannter und als solcher erkannter, interkultureller Kompetenz im beruflichen und privaten Alltag schon immer gegeben.

© Springer Fachmedien Wiesbaden GmbH, ein Teil von Springer Nature 2018
A. Thomas, *Kulturelle Integration von Migranten und Flüchtlingen im Berufskontext*, essentials, https://doi.org/10.1007/978-3-658-22654-1_2

In den kommunalen Einrichtungen, in den Behörden und Schulen, in den beruflichen Ausbildungseinrichtungen, den Sozialdiensten und in den Wohlfahrts-
verbänden gab es immer Fach- und Führungskräfte, die sich in der beruflichen
Arbeit mit Flüchtlingen und Migranten eine praxisnahe interkulturelle Kompetenz aufgebaut haben, um eine erfolgreiche Integration zu fördern. Sie haben
diese Praxiserfahrungen aber in der Regel nicht als eine spezifische Schlüsselqualifikation „Interkultureller Handlungskompetenz" wahrgenommen, thematisiert und als solche bezeichnet.

Die mit der Flüchtlingswelle aus Kriegs- und Krisengebieten arabischer, afrika-
nischer sowie vorderasiatischer Ländern auf Deutschland und seine Bevölkerung
zukommenden Herausforderungen sind mit den bisherigen Erfahrungen im
Umgang mit Migranten, Gastarbeitern und Flüchtlingen nicht mehr zu bewältigen.
Jetzt wird von den entsprechenden Zielgruppen, also den deutschen Fach- und
Führungskräften, die mit Integration befasst sind, ein hohes und ein spezifisches
Maß an interkultureller Kompetenz verlangt, wenn sie eine nachhaltige Integration
bewirken wollen und bewirken müssen. Aber was bedeutet das konkret?

Es gibt je nach Autoren einschlägiger Publikationen und fachspezifischer Herkunft der Autoren unterschiedliche Definitionen der Begriffe Kultur und interkulturelle Kompetenz.

Die UNESCO versteht unter Kultur: „Kultur ist die Gesamtheit der Formen
menschlichen Zusammenlebens." Forscher aus dem Bereich der Kulturvergleichenden Psychologie definieren Kultur etwas differenzierter: „Kultur ist der
vom Menschen gemachte Teil der Umwelt. Kultur ist ein Handlungsfeld, dessen
Inhalte von den von Menschen geschaffenen und genutzten Objekten bis hin zu
Institutionen, Ideen und Mythen reicht. Als Handlungsfeld bietet Kultur demnach
Handlungsmöglichkeiten, stellt aber auch Bedingungen; sie bietet Ziele an, die
mit bestimmten Mitteln erreichbar sind, setzt aber auch Grenzen für das mögliche
bzw. „richtige" Handeln" (Boesch 1980). Dem schließt sich eine für die weiteren
Ausführungen in diesem Buch gültige Definition von Thomas (1996) an:

Kultur ist ein universelles Phänomen. Alle Menschen haben zu allen Zeiten und in
allen Gegenden der Welt „Kultur" entwickelt. Alle Menschen leben in einer spezifischen Kultur und entwickeln sie weiter. Kultur manifestiert sich immer in einem
für eine Nation, Gesellschaft, Organisation oder Gruppe typischen Bedeutungs-/
Orientierungssystem. Dieses Orientierungssystem wird aus spezifischen Symbolen
(z. B. Sprache, Gestik, Mimik, Körperhaltungen usw.) gebildet und in der jeweiligen
Gesellschaft, Gruppe usw. tradiert. Das Orientierungssystem definiert für alle Mitglieder ihre Zugehörigkeit zur Gesellschaft und ermöglicht ihnen ihre ganz eigene
Umwelt- und Problembewältigung. Das Orientierungssystem beeinflusst das Wahrnehmen, Denken, Urteilen, die Emotionen und Motivationen sowie das Handeln
aller Mitglieder der Gesellschaft.

Es gibt verständlicherweise je nach Autoren einschlägiger Publikationen und fachspezifischer Herkunft der Autoren auch unterschiedliche Definitionen interkultureller Kompetenz. Der Lebensbereich oder besser, das Handlungsfeld, auf das sich interkulturelle Kompetenz richtet, sind die Begegnung, Interaktion, Kommunikation und Kooperation von Menschen unterschiedlicher kultureller Herkunft. Zwischen ihnen bildet sich eine kulturelle Überschneidungssituation aus, die so gestaltet und bewertet werden muss, dass sie für beide Partner erträglich ist, zufriedenstellend verläuft und erfolgreich gemeistert wird. Die dabei zu erbringenden Leistungen sind nicht mit dem allgemeinen Begriff „Verhalten" passend abgedeckt, denn es sind Handlungsprozesse, die hier wirksam werden.

Unter Handeln versteht man in der Psychologie ein weitgehend bewusstes, zielgerichtetes, intentionales, also von Erwartungen gesteuertes, kontrolliertes und bewertetes Verhalten.

Alle Verhaltensweisen, die als Handlung bezeichnet werden können, sind beeinflusst von den individuellen Eigenschaften der Persönlichkeit des Handelnden, den sozialen Kontextbedingungen, unter denen die Handlung stattfindet und den bisherigen Erfahrungen, die der Handelnde mit ähnlichen Tätigkeiten und ihren Wirkungen gemacht hat. Alle diese Informationen sind Bestandteil seiner Erwartungen an Verlauf und Wirkung der Handlung. Trifft nun ein Handelnder auf einen Interaktionspartner, der in einer ihm fremden Kultur sozialisiert wurde, dann erwartet er, dass der sich genauso verhält wie er selbst und, wie er das erwartet, denn er verfügt über keine weiteren Informationen. Wenn das Partnerverhalten nun diesen Erwartungen nicht entspricht, also erwartungswidriges Verhalten beobachtet wird, kommt es zu Irritationen, Ratlosigkeit und eventuell zum Kontrollverlust. Zugleich werden die Ursachen für die Irritationen dem „Fehlverhalten" des fremdkulturellen Partners zugeschrieben und entsprechend attribuiert. Diese Prozesse werden dem Handelnden nicht bewusst, sondern sie vollziehen sich automatisch. Auch ist dem Handelnden nicht bewusst, dass seine, das Verhalten steuernden Erwartungen einen ebenso hohen Anteil an der Entstehung der kritischen Interaktionssituation hat wie die des fremdkulturellen Partners. Wenn nun der Handelnde bei unterschiedlichen Partnern in unterschiedlichen Situationen immer wieder erwartungswidrige Verhaltensweisen beobachtet, dann kann er mit ziemlicher Sicherheit davon ausgehen, dass nicht spezifische Persönlichkeitseigenschaften oder situative Besonderheiten die Irritationen verursachen, sondern unterschiedliche kulturell begründete Verhaltensregeln, -normen und Gewohnheiten.

Als Ausweg aus diesem Dilemma der unerwartet auftretenden und schwer zu erklärenden erwartungswidrigen Verhaltensreaktionen bietet sich die Entwicklung interkultureller Handlungskompetenz an, deren Merkmale folgendermaßen zu definieren sind:

1. Interkulturelle Handlungskompetenz ist die notwendige Voraussetzung für eine angemessene, erfolgreiche und für alle Seiten zufriedenstellende Kommunikation, Begegnung und Kooperation zwischen Menschen unterschiedlicher Kulturen.

2. Interkulturelle Handlungskompetenz ist das Resultat eines Lern- und Entwicklungsprozesses.

3. Die Entwicklung interkultureller Kompetenz setzt die Bereitschaft zur Auseinandersetzung mit fremden kulturellen Orientierungssystemen voraus, basierend auf einer Grundhaltung kultureller Wertschätzung.

4. Interkulturelle Handlungskompetenz zeigt sich in der Fähigkeit, die kulturelle Bedingtheit der Wahrnehmung, des Urteilens, des Empfindens und des Handelns bei sich selbst und bei anderen Personen zu erfassen, zu respektieren, zu würdigen und produktiv zu nutzen.

5. Ein hoher Grad an interkultureller Handlungskompetenz ist dann erreicht, wenn
   a) differenzierte Kenntnisse und ein vertieftes Verständnis des eigenen und des fremden kulturellen Orientierungssystems vorliegen,
   b) aus dem Vergleich der kulturellen Orientierungssysteme kulturadäquate Reaktions-, Handlungs- und Interaktionsweisen generiert werden können,
   c) aus dem Zusammentreffen kulturell divergenter Orientierungssysteme synergetische Formen interkulturellen Handelns entwickelt werden können,
   d) in kulturellen Überschneidungssituationen alternative Handlungspotenziale, Attributionsmuster und Erklärungskonstrukte für erwartungswidrige Reaktionen des fremden Partners kognizierbar sind,
   e) die kulturspezifisch erworbene interkulturelle Handlungskompetenz mithilfe eines generalisierten interkulturellen Prozess- und Problemlöseverständnisses und Handlungswissens auf andere kulturelle Überschneidungssituationen transferiert werden kann,
   f) in kulturellen Überschneidungssituationen mit einem hohen Maß an Handlungskreativität, Handlungsflexibilität, Handlungssicherheit und Handlungsstabilität agiert werden kann.

Dabei sind Persönlichkeitsmerkmale und situative Kontextbedingungen so ineinander verschränkt, dass zwischen Menschen aus unterschiedlichen Kulturen eine von Verständnis und gegenseitiger Wertschätzung getragene Kommunikation und Kooperation möglich wird (Thomas 2011b).

Das folgende Fallbeispiel zeigt, wie schwierig es zuweilen werden kann, dieses wichtige Ziel zu erreichen.

Fallbeispiel: Der Bericht

1. Problemschilderung

   Der Geschäftsführer eines mittelständischen Unternehmens in Norddeutschland, das auf die Herstellung von Küchenmöbeln spezialisiert ist, hat vor einem Jahr durch Vermittlung des Arbeitsamtes einen Ägypter angestellt, der mit seiner Familie wegen der unsicheren Lage in Ägypten vor einigen Jahren nach Deutschland geflüchtet ist. Die ägyptische Fachkraft hat sich als zuverlässiger Mitarbeiter sehr bewährt, sodass er ihm mehr verantwortungsvolle Tätigkeiten übertragen will. Im Rahmen eines der von ihm gesteuerten Entwicklungsprojekte muss ein Abschlussbericht für die Firmenleitung und die Investorengruppe erstellt werden. Deshalb kommt es zwischen ihm, dem deutschen Vorgesetzten und dem ägyptischen Mitarbeiter zu folgendem Dialog (s. Abb. 2.1).

2. Problemklärung und Problemlösung

   Der deutsche Geschäftsführer ist aufgrund seiner Erfahrungen in der Zusammenarbeit mit seinem ägyptischen Mitarbeiter der Überzeugung, dass man ihm inzwischen die verantwortungsvolle Aufgabe der Berichterstellung übertragen kann. Entsprechend seines Stils moderner Personalführung weist er diese Aufgabe nicht einfach an, sondern diskutiert mit seinem Mitarbeiter darüber, wie dieser die zeitliche Planung zur Fertigstellung des Berichtes einschätzt. Dem ägyptischen Mitarbeiter ist ein solcher Dialog mit einem Vorgesetzten völlig unbekannt. Er ist damit aufgewachsen, dass die Vorgesetzten bestimmen und genaue Anweisungen geben, was zu tun ist und die Untergebenen die Arbeiten anweisungsgemäß auszuführen haben. In seiner eigenen Familie bestimmte der Vater, in der Schule bestimmte der Lehrer und in seiner Lehrzeit als Schreiner in Kairo bestimmte der Geselle, was zu tun sei. Er kann sich nur vorstellen, dass sein Chef selbst keine Ahnung hat, wie viel Zeit man für einen solchen Bericht braucht, denn sonst hätte er alle diese Fragen nicht gestellt. Sein Chef ist offenbar selbst unsicher und will sich durch die Art der Kommunikation gegenüber seinen eigenen Vorgesetzten absichern, um gegebenenfalls eintretende Verzögerungen ihm, seinem Mitarbeiter, anlasten zu können. Das ist für ihn eine nicht akzeptable Behandlung und Ausnutzung seiner Fähigkeiten: „Für so einen Menschen kann ich nicht arbeiten!"

   Beide Personen haben nicht wirklich miteinander kommuniziert und schon gar nicht kooperiert, sondern jeder hat aus seinen eigenen Erfahrungen und Gewohnheiten heraus nebeneinander her gearbeitet und Informationen ausgetauscht. Dem Geschäftsführer hätte eigentlich auffallen müssen, dass sein Mitarbeiter mit seiner Art, mit diesem zu kommunizieren, nicht vertraut ist und deshalb nicht versteht, was von ihm erwartet wird.

Überlegungen und Empfindungen des *deutschen* Vorgesetzten	Verhalten	Überlegungen und Empfindungen des *ägyptischen* Angestellten
Ich bitte ihn, sich zu beteiligen.	*Deutscher*: Wie lange brauchst du, um diesen Bericht zu beenden?	Sein Verhalten ergibt keinen Sinn. Er ist der Chef. Warum sagt er es mir nicht?
Er lehnt es ab, Verantwortung zu übernehmen.	*Ägypter*: Ich weiß es nicht. Wie lange soll ich brauchen?	Ich bat um eine Anweisung.
Ich zwinge ihn, Verantwortung für seine Handlungen zu übernehmen.	*Deutscher:* Du kannst selbst am besten einschätzen, wie lange es dauert.	Was für ein Unsinn! Ich gebe ihm wohl besser eine Antwort.
Er ist unfähig, die Zeit richtig einzuschätzen; diese Schätzung ist völlig unrealistisch.	*Ägypter*: 10 Tage.	
Ich biete ihm eine Abmachung an.	*Deutscher*: Besser 15. Bist du damit einverstanden, es in 15 Tagen zu tun?	Das ist meine Anweisung: 15 Tage.
	In Wirklichkeit braucht man für den Bericht 30 normale Arbeitstage. Also arbeitete der Ägypter Tag und Nacht, benötigte aber am Ende des 15. Tages immer noch einen weiteren Tag.	
Ich vergewissere mich, dass er unsere Abmachung einhält.	*Deutscher:* Wo ist der Bericht?	Er will den Bericht haben.
	Beide schlussfolgern, dass er noch nicht fertig ist.	
	Ägypter: Er wird morgen fertig sein.	
Ich muss ihm beibringen, Abmachungen einzuhalten.	*Deutscher*: Aber wir haben ausgemacht, er sollte heute fertig sein.	Dieser dumme, inkompetente Chef! Nicht nur, dass er mir falsche Anweisungen gegeben hat, er würdigt noch nicht einmal, dass ich ein 30-Tage-Job in 16Tagen erledigt habe.
Der Deutsche ist überrascht.	*Der Ägypter bittet um Versetzung in eine andere Abteilung.*	*Ägypter*: Ich kann für so einen Menschen nicht arbeiten.

Abb. 2.1 Interkulturelle Kommunikation und Kooperation zwischen deutschem Vorgesetzten und ägyptischem Angestellten. (Nach Triandis & Vassiliou)

Für den ägyptischen Mitarbeiter war sehr schnell klar, dass sein Chef kein kompetenter Vorgesetzter sein konnte, denn kompetente Chefs wissen immer, was zu tun ist. Sie stellen keine Fragen an die Mitarbeiter, sondern weisen sie in die zu leistende Arbeit ein und kontrollieren die Ergebnisse. Für ein Mitdenken, Mitdiskutieren und Mitentscheiden ist da kein Platz. Die Lösung des

Problems hätte möglicherweise in einer Metadiskussion, also einer Information und Diskussion über die Ziele und Absichten, die beide Partner verfolgen,, gefunden werden können.

3. Konsequenzen

Das Gespräch zwischen dem Geschäftsführer und seinem ägyptischen Mitarbeiter stellt eine kulturell bedingt kritische Interaktionssituation dar. Die beiden Gesprächspartner haben unterschiedliche Sozialisationsgeschichten durchlaufen, in deren Verlauf sie in Bezug auf zwischenmenschliche Kommunikation im Berufsleben jeweils unterschiedliche kulturspezifische Orientierungsmuster kennen gelernt und verinnerlicht haben. Der Geschäftsführer hat gelernt, dass es sinnvoll und nützlich ist, mit Mitarbeitern über die zu erledigenden Aufgaben zu sprechen und zu diskutieren, ihre Meinungen einzuholen und Verabredungen zu treffen. Für ihn zeichnet dieses Verhalten die Qualität einer modernen betrieblichen Führungskraft aus. Der ägyptische Mitarbeiter hat gelernt und verinnerlicht, dass im privaten und beruflichen Leben Hierarchien eine wichtige Rolle spielen und dass die Kommunikation zwischen Menschen unterschiedlicher Hierarchieebenen von Dominanz, Anweisungen geben und Befehlen einerseits und Unterordnung, Gehorchen und widerspruchslosem Befolgen der Anweisungen geprägt ist. Diese unterschiedlichen Grundeinstellungen und das dementsprechende kommunikative Verhalten sind keine individuumsspezifischen Besonderheiten, sondern resultieren aus kulturell verankerten Überzeugungen, denen sich die handelnden Personen aber nicht mehr bewusst sind. In der Kommunikationssituation werden diese Unterschiede personalisiert. Hätten beide ein gewisses Maß an interkultureller Kompetenz entwickelt, wäre es ihnen möglich gewesen, die entstandene Problemlage als kulturspezifisch determiniert zu erkennen und aus dieser Erkenntnis einer für beide Seiten zufriedenstellende Problemlösung zu entwickeln. Dazu aber wäre ein gewisses Maß an Selbsterkenntnis, also an Reflexion der eigenen kulturellen Orientierungen, notwendig gewesen.

Der chinesische Kriegsphilosoph Sun Tsu Wu hat schon vor 2500 Jahren erkannt: „Nur wer den Gegner und sich selbst gut kennt, kann in 1000 Schlachten siegreich sein." Die Zahl 1000 steht im chinesischen für „alles" und auf das Fallbeispiel angewandt könnte der Spruch lauten: „Nur wer den fremdkulturellen Partner und sich selbst gut kennt kann in 1000 Begegnungen erfolgreich sein".

Die Fähigkeit zur Selbsterkenntnis ist also ein unverzichtbarer Teil zum Erlangen interkultureller Handlungskompetenz und zum Lösen von Problemen, die sich aus kulturell bedingten Überschneidungssituationen ergeben.

Das Fallbeispiel zeigt auch sehr deutlich, von welchen Faktoren das Verhalten der beteiligten Personen beeinflusst und gesteuert wird. Der deutsche Geschäftsführer erwartet zunächst wie selbstverständlich, dass der ägyptische Mitarbeiter sich an den zu treffenden Entscheidungen mitbeteiligt. Der ägyptische Mitarbeiter erwartet demgegenüber mit Selbstverständlichkeit, dass sein Chef ihm Anweisungen gibt, die sachlich gerechtfertigt und also zutreffende Zeitangaben zur Fertigstellung des Berichts sind. Weiterhin ist das Verhalten beider von ihren jeweiligen „Selbstbildern" determiniert: Der deutsche Geschäftsführer hat von sich selbst das Bild, fachlich und sozial und hinsichtlich der Mitarbeiterführung kompetent zu sei. Der ägyptische Mitarbeiter hat von sich selbst das Bild, fachlich so kompetent zu sein, dass er die vom Chef erwarteten Anweisungen korrekt ausführen kann. Weiterhin ist das Verhalten von den „Fremdbildern" bestimmt: Der deutsche Geschäftsführer traut seinem ägyptischen Mitarbeiter zu, an den Entscheidungen über die zeitliche Dauer der Berichterstellung mitzuwirken, da er besser als er selbst weiß, wie viel Zeit man für eine solche Berichteinstellung benötigt. Der ägyptische Mitarbeiter ist davon überzeugt, dass sein Chef alles weiß und deshalb die Zeitspanne zur Berichterstellung zuverlässig und korrekt vorgeben kann und ihm diese auch vorgibt. Hinzu kommen noch die beiden „vermuteten Fremdbilder": Der deutsche Geschäftsführer hat ein Bild davon, was sein ägyptischer Mitarbeiter vermutlich über ihn denkt, nämlich dass er ein kompetenter und wohlwollender Chef ist, der sich bemüht, ihn zu fördern. Der ägyptische Mitarbeiter hat ein Bild davon, wie sein Chef ihn sieht, nämlich als einen engagierten, einsatzfreudigen, zuverlässigen und kompetenten Mitarbeiter der immer bereit ist, seinem Chef zur Hand zu gehen.

Diese drei Bilder haben entscheidende Bedeutung für die Erwartungen, mit denen die beiden Personen in das Gespräch eintreten, und Erwartungen steuern natürlich das interaktive Verhalten. Wie das Fallbeispiel zeigt, werden die gegenseitigen Erwartungen nicht erfüllt, was wohl zur Folge hat, dass sich die entsprechenden Fremdbilder und die vermuteten Fremdbilder im Verlauf der Interaktionen deutlich verändern. Das tragische ist, dass Selbstbild, Fremdbild und vermutetes Fremdbild zwar das gezeigte Verhalten massiv mitbestimmen, dass aber den Gesprächspartnern diese Bilder weder vorher noch im Gesprächsverlauf bewusst sind. Hätte der deutsche Geschäftsführer Interesse daran gehabt, die Ursachen für die erlebte, kulturell bedingt kritische Interaktionssituation zu erkunden, dann wären Reflexion und Analyse dieser Bilder in Verbindung mit den kulturspezifisch begründeten Unterschieden des Verhältnisses von Vorgesetztem und Mitarbeiter durchaus sinnvoll gewesen. Die Fähigkeit, zum passenden

Zeitpunkt, mit den entsprechenden Methoden, kulturell bedingte Probleme in Interaktionssituationen zwischen Partnern unterschiedlicher kultureller Herkunft zu analysieren und zu erkennen, um daraus Problemlösungen zu generieren und diese in zielgerichtetes, effizientes Handeln umzusetzen, ist im Kern das, was interkulturelle Handlungskompetenz ausmacht.

Jeder Mensch hat es unter normalen Lebensbedingungen von Geburt an mit Integration zu tun. Kindheit und frühe Jugend bestehen im Wesentlichen darin, den Lernprozess der Enkulturation erfolgreich zu durchlaufen. Er muss die Werte, Normen, Sitten, Gebräuche und Verhaltensgewohnheiten, die seine Herkunftskultur prägen, kennenlernen und so verinnerlichen, dass ihre Befolgung zur Gewohnheit und Selbstverständlichkeit wird. So muss ein Kind beispielsweise lernen, wie man andere Menschen begrüßt, Geschenke überreicht und Geschenke annimmt.

Das folgende Fallbeispiel zeigt, wie sehr das Verhalten in Erstbegegnungssituationen kulturspezifisch determiniert ist.

Fallbeispiel: Begegnungsverhalten
1. Problemschilderung
   Eine amerikanische Studentin berichtet nach einem einjährigen Studienaufenthalt in Deutschland:

> In Deutschland ist mir aufgefallen, dass man sich nicht miteinander unterhält, auch nicht, wenn man zusammen am Tisch sitzt, wenn es nichts Wichtiges zu besprechen gibt. Deutsche scheinen auch keinen Druck zu verspüren, wenn sie schweigend zusammensitzen. In den USA dagegen ist man immer gezwungen, offen zu sein. Gespräche zu beginnen. Tut man das nicht, so fühlt man sich irgendwie unter Druck. Es ist zwar manchmal ganz nett, mit vielen Menschen so in eine Unterhaltung zu kommen, aber es ist auch stressig. Man kommt mit Deutschen nur schwer in Kontakt, aber, wenn man sie um Hilfe bittet, sind sie sehr hilfsbereit. Sie versuchen jedenfalls, einem zu helfen. Wenn Deutsche ein echtes Interesse an einem haben, dann stellen sie mir eine Frage. Ansonsten kommt kein Gespräch auf. Am Anfang habe ich das nicht verstanden, das war sehr schwer für mich (Thomas 1991).

© Springer Fachmedien Wiesbaden GmbH, ein Teil von Springer Nature 2018
A. Thomas, *Kulturelle Integration von Migranten und Flüchtlingen im Berufskontext*, essentials, https://doi.org/10.1007/978-3-658-22654-1_3

2. Problemklärung und Problemlösung:
   Amerikaner gehen bei interpersonalen Begegnungen nach dem Prinzip der
   Distanzminimierung vor. Sie empfinden es als ihre Pflicht, auf jede ins
   Blickfeld kommende Person zu reagieren. Art und Dauer der Interaktion sind
   abhängig vom Bekanntheitsgrad, den individuellen Kommunikationsbedürf-
   nissen und den Kontextbedingungen, in denen die Interaktion stattfindet.
   Dabei gilt offensichtlich das Gebot, sich direkt und offen anderen Personen
   zuzuwenden, mit ihnen Kontakt aufzunehmen, ohne dass sich daraus eine
   weitergehende Interaktionsverpflichtung ergibt. Erst im weiteren Verlauf der
   Begegnung kommt es zu personspezifischen Differenzierungen in Personen,
   die man kennt, und Personen, denen man sich besonders eng verbunden fühlt,
   „intimates". Erst diese „intimates" erfahren das Privileg, unbegrenzte Offenheit und Zugänglichkeit zum inneren Persönlichkeitskern zu bekommen. Sie
   werden dann so behandelt, wie Deutsche ihre „Freunde" behandeln.

Für Deutsche gilt dementsprechend die Regel, zunächst nach sehr gut bekannten,
nur flüchtig bekannten und unbekannten Personen zu differenzieren. Sehr gut
bekannte Personen müssen gegrüßt und angesprochen, eventuell auch unterhalten
werden. Flüchtig bekannte Personen können begrüßt werden, doch besteht hier
kein Interaktionszwang. Unbekannte Personen bedürfen ohne zwingenden äußeren Anlass keinerlei sozialer Aufmerksamkeit und man sollte sich ihnen auch
nicht aufdrängen. Aufdringlichkeit, gar Distanzlosigkeit, wird stärker sozial
abgelehnt als ausgeprägte Formen sozialer Zurückhaltung. „Mische dich nicht
ungefragt in die Angelegenheiten eines anderen Menschen ein!" ist ein schon in
früher Jugend vermitteltes Gebot anständigen Benehmens. Wenn keine situations-
bedingten Interaktionszwänge vorliegen, neigen Deutsche dazu, interpersonale
Begegnungssituationen nach dem Prinzip der **Distanzdifferenzierung** über das
Merkmal des Bekanntheitsgrades zu regeln. Bei unbekannten Personen besteht
kein Reaktionsgebot. Bei flüchtig bekannten Personen kann reagiert werden,
wenn seitens des Partners eine Reaktionserlaubnis signalisiert wird. Bei gut
bekannten Personen besteht ein Reaktionsgebot.

   Jeder kann aus eigener Erfahrung nachvollziehen, wie schwierig es ist, diese
Feinheiten im Bereich der zwischenmenschlichen Beziehungen zu erlernen.

   Deutsche in den USA sind zunächst begeistert von der Offenheit und Zugänglichkeit der Menschen und deren Hilfsbereitschaft, die nicht eigens erbeten werden muss, sondern sofort und ungefragt angeboten wird. Im weiteren Verlauf
bemängeln sie, dass diese Zugänglichkeit und Offenheit sehr oberflächlich ist und
keinerlei zukunftsbezogene Konsequenzen in Bezug auf weitere Begegnungen
und ein vertieftes Kennenlernen hat.

Die distanzminimierende Art der Amerikaner empfinden Deutsche in Deutschland als unangenehm, als distanzloses Verhalten und reagieren ablehnend.

Nicht nur die Entwicklung der menschlichen Persönlichkeit erfordert ein hohes Maß an Integrationsleistung in der Kindheit und frühen Jugendzeit. Immer dann, wenn im weiteren Alltagsleben, im Bereich von Beruf und Freizeit, ein neuer Umgang mit sozialen Gruppierungen ansteht, sind Integrationsleistungen zu erbringen. Erfolg und Zufriedenheit mit dem Leben in solchen Gruppierungen hängt ab von der Qualität der erbrachten Integrationsleistungen, nämlich wie schnell und vollständig die kulturspezifischen Normen und Regeln der jeweiligen sozialen Gruppierungen gelernt, verinnerlicht und in Handeln umgesetzt werden.

Das gilt nicht nur für Begegnungen mit Menschen fremder kultureller Herkunft, sondern auch für Begegnungen zwischen Einheimischen. So ist die berufliche Ausbildung, die Lehrzeit, nicht nur bestimmt vom Erlernen spezifischer z. B. handwerklicher und technischer Kenntnisse und den entsprechenden Arbeitsabläufen, sondern auch von den Normen, Regeln, Sitten und Gebräuchen betrieblicher, spartenspezifischer und hierarchischer Kulturen. Weltweit sind hierarchisch aufgebaute soziale Strukturen und dementsprechende Kulturen häufiger verbreitet als egalitäre Kulturen. Jeder, der einen Berufswechsel, Stellenwechsel, Ausbildungswechsel etc. vollzieht, muss die entsprechenden Integrationsleistungen erbringen, wenn er als zuverlässige Fachkraft mit Sozialkompetenz anerkannt werden will. Wenn es z. B. in einem Handwerksbetrieb üblich ist, kurz vor Feierabend die Werkbank zu putzen, den Fußboden von Spänen zu reinigen und die Werkzeuge ordnungsgemäß in die dafür vorgesehenen Regale und Ablagen einzuordnen, müssen diese spezifischen Regeln der jeweiligen Arbeitskultur befolgt werden. Das ist für Flüchtlinge oder Migranten, die aus Ländern kommen, in denen solches Verhalten als unnötig und Zeitverschwendung betrachtet wird, da ja ein paar Stunden später, am nächsten Morgen, an derselben Stelle mit denselben Werkzeugen weitergearbeitet wird und wieder Späne auf den Boden fallen, schwer zu verstehen und nicht nachvollziehbar. Das alles klingt zwar wie Bagatellen, aber das Nichtbefolgen dieser Regeln hat Auswirkungen auf die Beurteilung der Gesamtpersönlichkeit des Arbeiters und seiner Zuverlässigkeit.

Die Akkulturationsthematik

Wenn man anerkennt, dass eine erfolgreiche, auf Integrationsförderung gerichtete interkulturelle Handlungskompetenz notwendig und in der oben präsentierten Definition durchaus zutreffend beschrieben ist, kann es sinnvoll sein, auf dieser Basis nach spezifischen Kompetenzmerkmalen für die in der Arbeit mit Flüchtlingen und Migranten tätigen Personen zu suchen und diese zu definieren.

In der sozialwissenschaftlichen Literatur zur Migrationsthematik findet man immer wieder ein Plädoyer dafür, dass die Integrationsleistungen nicht von den Flüchtlingen und Migranten alleine zu erbringen sind, sondern auch die aufnehmende Gesellschaft einen entsprechenden Beitrag zu leisten hat. In der realen Praxis sind die für eine nachhaltige Integration zu erbringenden Leistungen seitens der Flüchtlinge und Migranten jedoch als weitaus höher und gravierender einzuschätzen als das, was Mitglieder der aufnehmenden Gesellschaft zu leisten haben und überhaupt zu leisten bereit sind. Forschungen dazu finden sich unter dem Stichwort Akkulturation.

Unter Akkulturation bezeichnet man alle Phänomene, die aus dem direkten Kontakt von Individuen oder Gruppen unterschiedlicher kultureller Herkunft resultieren und den daraus folgenden Veränderungen der in den Interaktionsprozess eingebrachten ursprünglichen kulturellen Muster. Die resultierenden Veränderungen sind zu beobachten auf der Ebene von Einstellungen, Werten, der Art des Verhaltens und der Wahrnehmung und Bewertung der kulturellen Identität. Zu unterscheiden sind unterschiedliche Akkulturationsstrategien der aufeinander treffenden Personen und Gruppen.

Der kanadische Psychologe Berry (1997) hat vielfältige empirische Forschungen zu Formen von Akkulturation durchgeführt und kommt zu folgenden, von der Wissenschaft weitgehend anerkannten Ergebnissen:

© Springer Fachmedien Wiesbaden GmbH, ein Teil von Springer Nature 2018
A. Thomas, *Kulturelle Integration von Migranten und Flüchtlingen im Berufskontext,* essentials, https://doi.org/10.1007/978-3-658-22654-1_4

Akkulturationsanforderungen entstehen und werden erst handlungsrelevant durch die Konfrontation mit Fremdartigem, insbesondere mit erwartungswidrigen Verhaltensreaktionen. Diese ergeben sich durch Ereignisabfolgen und Geschehensabläufen in der Begegnung und die Zusammenarbeit mit fremdkulturell geprägten Partnern. Das Akkulturationsmodell von Berry zeigt vier unterschiedliche Formen der Reaktion auf Fremdheitserfahrungen, abhängig davon wie das Verhältnis in Bezug auf den Erhalt der eigenen kulturellen Identität und der Beziehungen zu den Partnern aus der Aufnahmekultur beschaffen ist. Er bezeichnet diese Formen als Akkulturationsstrategien. Diese Bezeichnung legt nun die Vermutung nahe, dass es sich um einen rationalen Entscheidungsprozess handelt, nach dem Flüchtlinge/Migranten ihr Verhältnis zur Aufnahmegesellschaft gestalten. Tatsächlich aber durchlaufen die meisten einen Entwicklungsprozess, der von mehreren Einflussfaktoren bedingt und getragen ist und dem keineswegs ein rationales Kalkül zugrundeliegt. Eine selbstunsichere Persönlichkeit zum Beispiel wird jede sich bietende Gelegenheit nutzen, mit ihren syrischen Landsleuten zusammen zu sein. Das ist weitaus bequemer und verspricht mehr Sicherheit, als sich bei deutschen Nachbarn bekannt zu machen und mit ihnen dauerhaft Kontakt zu halten. Man kann davon ausgehen, dass Flüchtlinge/Migranten eher allmählich und mehr unbewusst in eine der vier Akkulturationsstrategien hineinrutschen oder auch in spezifischen Lebensfeldern (Familie, Beruf, Ausbildung, Freizeitaktivitäten) unterschiedliche Akkulturationsstrategien verfolgen.

Abb. 4.1 beschreibt die folgenden Arten der Akkulturation:

Integration: Beibehaltung der kulturellen Identität und Herstellung positiver Beziehungen zur dominanten kulturellen Gruppe

	Erhalt der eigenen kulturellen Identität	
Herstellen positiver interkultureller Beziehungen zu Personen der Gast-Kultur	Ja	Nein
Ja	Integration	Assimilation
Nein	Separation	Marginalität

Abb. 4.1 Arten der Akkulturation im Kulturkontakt aus Sicht von Migranten und Flüchtlingen in Deutschland. (Nach Berry 2001)

*(z. B. ‚Die Beziehungen, die ich zu anderen Migranten/Flüchtlingen und beson-
ders zu denen aus meiner Heimat aufgebaut habe, sind mir sehr wertvoll, während
die Beziehungen zu Deutschen für mich und meine Familie auch ihren Wert haben.‘)*

Assimilation: Verlust der kulturellen Identität zugunsten positiver Beziehungen
zu Mitgliedern der dominanten kulturellen Gruppe
*(z. B. ‚Die meisten meiner Freunde sind Deutsche, weil ich mich sicher, gebor-
gen und sehr wohl bei ihnen fühle. Bei anderen Migranten/Flüchtlingen fühle ich
mich nicht mehr sicher, geborgen und so wohl.‘)*

Separation: Bewahrung der eigenen kulturellen Identität bei gleichzeitiger Iso-
lierung von der dominanten kulturellen Gruppe
*(z. B. ‚Die meisten meiner Freunde sind Migranten/Flüchtlinge, weil sie zuver-
lässig sind, ähnliches wie ich erlebt und durchlitten haben und ich mich wohl bei
ihnen fühle. Bei Deutschen fühle ich mich oft nur geduldet und nicht so wohl.‘)*

Marginalität: Verlust der eigenen kulturellen Identität und kein Zugang zur
dominanten kulturellen Gruppe
*(z. B. ‚Heutzutage ist es schwer, jemanden zu finden, zu dem man eine wirk-
liche Beziehung aufbauen kann und mit dem man seine inneren Gefühle und
Gedanken teilen kann. Ich fühle mich mit allem alleine gelassen‘)*
Abb. 4.2 zeigt die folgenden Arten der Akkulturation aus Sicht der aufnehmenden Gesellschaft:

		Migranten sollen ihre kulturelle Identität behalten	
		Ja	Nein
Migranten sollen die Identität der Aufnahmegesell-schaft annehmen	Ja	Integration	Assimilation
	Nein	Segregation	Exklusion Individualisierung

Abb. 4.2 Arten der Akkulturation aus Sicht der aufnehmenden Gesellschaft. (Nach Berry
2001)

Integration: Integrationsbemühungen der Einwanderer werden gefordert, sind erwünscht und werden unterstützt

(z. B.: *„Die Syrer sollen durchaus ihre Tradition, ihre Religion und ihre Wertvorstellungen beibehalten und in ihren Familien und Vereinen pflegen, sofern diese mit den Werten, Normen und Vorschriften des deutschen Grundgesetzes vereinbar sind. Sie sollen aber die deutsche Sprache erlernen und beherrschen. Sie haben die Werte, Normen, Gesetze und gesellschaftlichen Regeln der deutschen Kultur zu beachten und sollen auch aktiv und produktiv am wirtschaftlichen und gesellschaftspolitischen Leben in unserer Gesellschaft teilnehmen“*)

Assimilation: Migranten/Flüchtlinge sollen und müssen so schnell wie möglich ihre herkömmlichen Traditionen, Verhaltensgewohnheiten und ihre kulturelle Identität ablegen. Sie haben sich an die Werte, Normen und Regeln, die in der Aufnahmekultur anerkannt sind, anzupassen

(z. B. *„Syrer sollen nicht mit Syrern zusammen in Stadtvierteln und Wohnblocks leben, sondern unter Deutschen, damit sie sich schnell an die hiesigen Gepflogenheiten gewöhnen und sich so verhalten wie Deutsche“*)

Segregation: Die Einwanderer leben in der Aufnahmegesellschaft getrennt in eigenen gettoartigen Wohngebieten unter sich und haben allenfalls berufs- und arbeitsbedingte Kontakte zu Mitgliedern der Aufnahmegesellschaft

(z. B. *„Obwohl ich am Arbeitsplatz mit den Syrern ganz gut zurecht komme, sollen sie aber sonst unter sich bleiben, denn mit unseren Werten, Normen, Sitten und Gebräuchen können sie sowieso nichts anfangen und wir verstehen sie vielfach auch nicht“*)

Exklusion/Individualisierung: Einwanderer sind unerwünscht, aber unvermeidbar. Sie werden als Außenseiter betrachtet und behandelt, wobei unter günstigen Bedingungen dem einen oder anderen Zugang zur Aufnahmegesellschaft gewährt wird

(z. B. *„Grundsätzlich haben Syrer hier nichts zu suchen. Sie sind eine Belastung für die Gesellschaft und eine Bedrohung für die Sozialsysteme. Aber der Syrer und seine Frau von nebenan, die sind ganz nett, sind fleißig und haben sich sogar ohne fremde Hilfe ein Haus gebaut. Aber eigentlich sind das auch schon gar keine Syrer mehr, sondern bereits Deutsche, auch wenn sie noch die Moschee besuchen“*)

Die Akkulturationsstrategien aus Sicht eines Migranten in Deutschland und aus Sicht der deutschen, aufnehmenden Gesellschaft erfordern recht unterschiedliche Anstrengungen seitens der Migranten und der Mitglieder der Aufnahmegesellschaft. Die Wirkungen der Akkulturationsstrategien haben ebenfalls unterschiedliche Lebensentwürfe zur Folge. Für einen dauerhaften Verbleib in der Aufnahmegesellschaft ist sicherlich die Integrationsstrategie die passende, weil sie auf Dauer weniger Stress verursacht und ein Mehr an äußerer und innerer Sicherheit und Zufriedenheit bietet. Entwicklungspsychologische Forschungen im Kontext der Kulturvergleichenden Psychologie zeigen, dass je nach Alter der Migranten zum Zeitpunkt der Ankunft im Gastland unterschiedliche Akkultuationsverläufe zu beobachten sind. Für eine gelungene Integration gibt es günstige und ungünstigere Lebensphasen. So haben ältere Migranten, aufgrund ihrer verinnerlichten und damit verfestigten Alltagsroutinen, Werthaltungen, Handlungsmuster und Identitäten, erheblich größere Schwierigkeiten mit der neuen Situation fertig zu werden und ihr Leben entsprechend zu gestalten als für jüngere Personen, denn für sie sind Flucht/Migration und Integration in unbekannte und unvertraute Lebensräume, schwer zu bewältigende Anforderungen.

Entwicklungspsychologisches Akkulturationsmodell

Die vielfältigen Einflussfaktoren, die aus entwicklungspsychologischer Sicht die Integrationsprozesse von jugendlichen Migranten/Flüchtlingen bestimmen, zeigt das folgende, von Ute Schönpflug (1999) entwickelte Modell in Abb. 4.3.

Das Modell ist ein Mediationsmodell, in dem die Hintergrundvariablen Familie, Peernetzwerke, Schule, Biografie, Geschlecht, Alter und Migrationsregion, sich vermittelt durch die beiden Mediatoren dispositionelle (z. B. Intelligenz oder Persönlichkeit) und adaptive persönliche Ressourcen (z. B. Bewältigungsstrategien oder soziale Orientierungen), auf Entwicklung einerseits und Akkulturation andererseits auswirken. Soziale und kognitive Entwicklung stehen in positiver Beziehung zueinander. (...) Die Bildungschancen der Migrantenkinder sind damit denen der Kinder der Aufnahmegesellschaft nicht vergleichbar, da sie im Elternhaus nicht die gleichen Fertigkeiten und Wissensbestände vermittelt bekommen und keine entsprechende Förderung bei der Bewältigung der Bildungsanforderungen erfahren können. Die Bildungsstatistik für ausländische Jugendliche in Deutschland verglichen mit deutschen Jugendlichen weist eine deutliche Benachteiligung der ausländischen Jugendlichen auf. Die Diskriminierung ausländischer Jugendlicher in den Bildungsinstitutionen und auf dem Arbeitsmarkt ist die wahrscheinliche Folge (Faist 1994). Andere Autoren vermuten, dass es kulturspezifische Werte und Verhaltensweisen von Migranten sind, auf die der hier im Vergleich zu deutschen Kindern geringere Schulerfolg von Migrantenkindern zurückgeführt werden kann: In türkischen Familien zum Beispiel steht eine traditionelle Haltung zum Wissen (z. B. Überlieferung und absolute Autorität des Lehrers verbunden mit Gehorsam und Folgsamkeit sind wichtig) den modernen Lehrprogrammen entgegen. Weiterhin vermittelt und fordert das Bildungssystem der westlichen Aufnahmegesellschaften individualistische Orientierungen, die wiederum der Familienorientierung, insbesondere der türkischer, griechischer und italienischer Migranten entgegenstehen (Schönpflug 2003, S. 529–530).

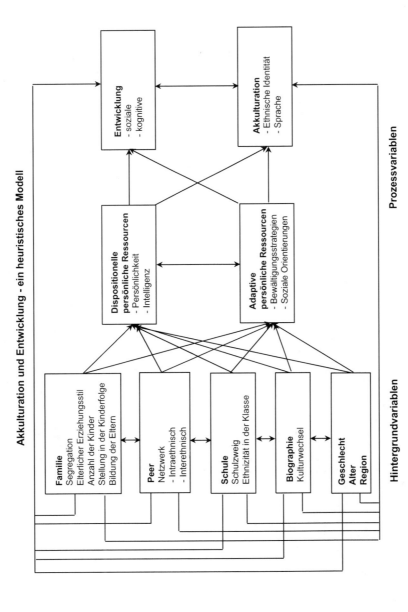

Abb. 4.3 Entwicklungspsychologisches Akkulturationsmodell. (Nach Schönpflug 1999)

Die formelle (Schule) und informelle (Familie, Freizeit) Erziehung und Ausbildung von Kindern und Jugendlichen in Deutschland verfolgt seit Jahren das
Bildungsziel: „Selbstverwirklichung der Persönlichkeit". Die vorhandenen
Potenziale und Fähigkeiten des Individuums sind zu entdecken und mit geeig-
neten Lehr-Lernmethoden zu erweitern und auszubauen. Das erfordert eine völlig andere Einstellung zu den Zielen und Aufgaben der staatlichen und privaten
Bildungsinstitutionen und zum Umgang mit den Jugendlichen (Individualisierung
vs. Generalisierung; Diversität vs. Homogenität) als die Erziehung im traditionel-
len Stil, wie der noch bis vor 70 Jahren auch in Deutschland und Europa vorherr-
schenden. Eltern, die als Flüchtlinge/Migranten mit Kindern nach Deutschland
gekommen sind, haben erhebliche Schwierigkeiten mit der Erziehung ihrer Kinder. Schwierigkeiten bereitet es ihnen, sich den neuen Gegebenheiten anzupassen
und einen Mittelweg zu finden zwischen den tradierten, fest verankerten Erzie-
hungszielen und -methoden aus ihrer Herkunftskultur und dem was die domi-
nierende Aufnahmegesellschaft an Einstellungen und Praxis in Bezug auf die
Erziehung der Kinder fordert.

Zu berücksichtigen sind weiterhin schichtspezifisch unterschiedliche Bil-
dungs- und Entwicklungsmilieus der Migrantenfamilien, in denen die Kinder und
Jugendlichen vor dem Zeitpunkt der Migration aufwuchsen und in dem sie nach
der Migration in ihren Familien verharren. Nicht zu unterschätzen sind zudem
Einflussfaktoren auf die Entwicklung der Kinder und Jugendlichen aus Migrantenfamilien, die in traditionell religiös geprägten Welt- und Menschenbildern
verankert sind.

Welche Schlussfolgerungen zur Frage nach Integration fördernden Wirkungen
interkulturellen Handelns lassen sich aus diesen Erkenntnissen ziehen? Für eine
gelungene Integration sind eine Fülle unterschiedlicher Lernleistungen zu erbringen. Alle Forschungen über Lernbereitschaft, Lernfähigkeit und Lernerfolge zeigen, dass dabei lebensaltersspezifische Lernphasen zu beachten sind, verbunden
mit unterschiedlichen kulturspezifischen Ausprägungen und Herausforderungen.

Die Integrationsthematik 5

Wenn man nun anerkennt, dass Integration die wirksamste Akkulturationsstrategie ist, die Flüchtlinge und Migranten praktizieren können, um ein zufriedenstellendes und selbstbestimmtes Leben im Gastland zu führen, stellt sich die Frage, wie diese Integrationsbemühungen unterstützt werden können. Politik und Medien können dazu beitragen, dass die Mehrheit der Mitglieder der Aufnahmegesellschaft eine positive, weltoffene, kulturellen Diversitäten gegenüber wertschätzende Einstellung entwickelt. Dadurch können Ängste vor nicht mehr kontrollierbaren negativ bewerteten gesellschaftlichen Entwicklungen, verursacht durch Ansprüche, die Flüchtlinge und Migranten an die Aufnahmegesellschaft stellen, abgebaut werden. Von Bedeutung sind darüber hinaus die durch persönliche Kontakte zwischen den Migranten und einzelnen Personen der Aufnahmegesellschaft gemachten Erfahrungen (z. B. Nachbarschaftsbeziehungen, Zufallsbekanntschaften, Vereinsbeziehungen). Die Einstellungen, Erfahrungen und Kompetenzen hauptberuflicher und ehrenamtlicher Helfer in der Flüchtlingsbetreuung, Funktions- und Entscheidungsträger in Beratungs- und Verwaltungsstellen spielen für die Ausbildung von Motivatoren, individuelle Anstrengungen zur erfolgreichen Bewältigung der vielfältigen Anforderungen und Lernprozesse auf dem Weg zur gelungenen Integration in die Aufnahmegesellschaft sowie zum Abbau von Integrationsbarrieren eine entscheidende Rolle.

Entwicklungspsychologisch betrachtet gibt es im individuellen Lebenslauf sensible Lernphasen, die wenn sie zum Lernen genutzt werden, auf eine hohe Lernbereitschaft und Lernfähigkeit stoßen mit dem Ergebnis, dass optimale Lernleistungen erbracht werden. Die lebensbiografischen Besonderheiten des Lernens sind bei der Entwicklung von Integrationsleistungen besonders wichtig und bei allen Fördemaßnahmen entsprechend zu berücksichtigen.

© Springer Fachmedien Wiesbaden GmbH, ein Teil von Springer Nature 2018
A. Thomas, *Kulturelle Integration von Migranten und Flüchtlingen im Berufskontext*, essentials, https://doi.org/10.1007/978-3-658-22654-1_5

Die entwicklungspsychologische Forschung hat für den Verlauf der lebenslangen Sozialisation für Kinder und Jugendliche typische und zu bewältigende Entwicklungsaufgaben formuliert (Havighurst 1972; Schwarz 2007):

1. Akzeptanz gegenüber dem eigenen Körper
2. Körperliche Entwicklung
3. Kognitive Entwicklung
4. Erwerb der jeweiligen geschlechtsspezifischen Rolle
5. Identitätsbildung (Wer bin ich?)
6. Entwicklung eines tragfähigen Selbstkonzepts
7. Zukunftsorientierung (Beruf, Partnerschaft, Ehe- und Familienleben)
8. Aufbau eines Wertesystems
9. Aufbau von Peerbeziehungen
10. Entwicklung sozial verantwortlichen Verhaltens und Handelns

Diese Entwicklungsaufgaben sind bei der Integrationsarbeit mit Kindern und Jugendlichen im Alter von 10–20 Jahren zu berücksichtigen. Weiterhin gilt die, für alle Formen von Integration und Lernen zu beachtende Regel: die Zielpersonen dort abzuholen, wo sie stehen. Also die aktuelle psychische und physische Befindlichkeitslage der Flüchtlinge und Migranten zu erkunden und zu beachten.

Generell kann man davon ausgehen, dass niemand ohne Not und Zwang seine Heimat verlässt, alles aufgibt und sich in eine höchst ungewisse zukünftige Lebenslage begibt. Bei den gegenwärtig in Deutschland lebenden Flüchtlingen und Migranten gibt es sicher sehr unterschiedliche Befindlichkeitslagen. Die einen flüchten, um ihr Leben und das ihrer Familie zu retten und um in einem sicheren Land unterzukommen, in dem sie so lange ausharren können, bis eine Rückkehr in ihre Heimat möglich wird. So haben z. B. syrische Flüchtlinge oft alles zurückgelassen, sie haben einen gefahrvollen und beschwerlichen Fluchtweg hinter sich, viel Geld verloren, erlebten das Chaos in den Flüchtlingsunterkünften in verschiedenen EU-Ländern und stehen nun in Deutschland vor einer ungewissen Zukunft. Sie können keinen einzigen Buchstaben entziffern, da sie die Schriftzeichen nicht kennen. Dabei ergeht es ihnen wie einem Deutschen in China und Japan, wenn er die dort üblichen Schriftzeichen nicht kennt. Sie sind seit ihrer Flucht immer auf Hilfe angewiesen und die sogenannten Fluchthelfer und Schlepper haben ihnen ihr restliches erspartes Geld bereits abgenommen.

Andere Migranten sind nicht lebensbedrohlich gefährdet, sie sehen aber in ihrer Heimat trotz eigener Anstrengungen und qualifizierter Ausbildung keine Entwicklungschancen beruflicher und persönlicher Art und so hoffen sie, im Gastland bessere Lebens- und Arbeitsbedingungen vorzufinden, mit denen sie ihr Lebens gestalten können.

Die lebensbedrohten Flüchtlinge und Migranten sind bis zu ihrer Ankunft in Deutschland nur gedemütigt worden, durch das Terrorregime im Heimatland, die Schlepper, die Verhältnisse in europäischen Auffanglagern, an den Grenzen und in Deutschland, in dem sie lange ohne Arbeitserlaubnis und in Unsicherheit über ihre Zukunft in Massenunterkünften und Lagern leben. Sie sind in allen Belangen auf Hilfe angewiesen. Sie wissen meist nicht, wie es weitergeht. Sie müssen untätig herumsitzen und warten, bis ihr Fall bearbeitet ist. Sie können selbst nichts tun, um ihre Lage zu verbessern. Ihre Persönlichkeitswerte sind zerstört, ihr Selbstbewusstsein, ihr Selbstwertgefühl sind gebrochen. Unter diesen Bedingungen stellt sich die Frage, mit welcher Art von interkultureller Handlungskompetenz sich bei dieser Ausgangslage integrationsfördernde Wirkungen überhaupt erzielen lassen?

Die Kompetenzthematik

Wer auch immer, in welchen Funktionen und Positionen und mit welchem Auftrag für sich in Anspruch nimmt, Flüchtlinge und Migranten bei ihren Integrationsbemühungen unterstützen zu wollen und zu können, muss über Fähigkeiten und Fertigkeiten verfügen, die diesem Anspruch gerecht werden. Hierzu gehört das, was in der Definition zur interkulturellen Handlungskompetenz bereits formuliert wurde. Es muss eine Grundhaltung kultureller Wertschätzung im Bezug auf die kulturspezifischen Werte, Normen, Verhaltensgewohnheiten, Sitten und Gebräuche der Flüchtlinge und Migranten aufgebaut und verinnerlicht werden. Hinzukommen muss ein Bewusstsein für die eigenkulturellen Orientierungen in Bezug auf die eigene Wahrnehmung, das eigene Denken und Urteilen, die eigenen Emotionen und Motivationen sowie das eigene Handeln. Wenn diese Lern- und Entwicklungsprozesse erfolgreich verlaufen sind, zeigt sich die interkulturelle Kompetenz darin, dass ein entsprechendes Feingefühl in Bezug auf die Wahrnehmung und Beurteilung von Verhaltensweisen bei Flüchtlingen und Migranten, die mit den eigenen Erwartungen und Überzeugungen nicht übereinstimmen, vorhanden ist und sich im Umgang mit ihnen auswirkt. Zusammen mit dem Bewusstsein der Besonderheiten und der Handlungswirksamkeit eigenkultureller Orientierungssysteme gelingt es dann zu verstehen, dass Missverständnisse, Irritationen und kulturell bedingte Ambiguitäten zwischen Flüchtlingen und Migranten einerseits und deutschen Fachkräften andererseits immer aus der Inkompatibilität der kulturspezifischen Orientierungssysteme aller am Interaktionsprozess beteiligten Personen resultieren. Für eine wirksame Unterstützung der Integrationsbemühungen seitens der Flüchtlinge und Migranten durch deutsche Fachkräfte müssen diese noch eine systematische Beratungs- und Unterstützungskompetenz entwickeln. Dies bedeutet, die Besonderheiten des einzelnen Klienten, seine Fähigkeiten und Fertigkeiten, seine emotionalen Befindlichkeiten, seine Lernbereitschaft und Lernfähigkeit, seine Ressourcen und

A. Thomas, *Kulturelle Integration von Migranten und Flüchtlingen im Berufskontext,* essentials, https://doi.org/10.1007/978-3-658-22654-1_6

seine Belastbarkeit, so weit wie möglich auf dem Hintergrund seiner vergangenen biografischen Entwicklung, seiner Flucht- und Migrationserfahrungen sowie seiner alters- und geschlechtsspezifischen Anforderungen und seiner sozialen Rollen im Lebensumfeld analysieren, erfassen und bewerten zu können. Dies mündet in der Kompetenz, eine systemische Unterstützungs- und Beratungsleistung für Flüchtlinge und Migranten erbringen zu können (Thomas 2014; Abt 2008).

Bei allen lebensbiografischen, situationsspezifischen und kulturellen Unterschieden zwischen den einzelnen zu beratenden und zu unterstützenden Flüchtlingen und Migranten sind aus psychologischer Sicht die folgenden Aspekte zu beachten und die entsprechenden Leistungen zu erbringen:

1. **Entgegenbringen von Wertschätzung:** Kulturbedingte Unterschiede nicht nur als Belastung, sondern auch als eigenständige gesellschaftliche Entwicklungen und als Bereicherung beurteilen.

2. **Aufbau von Empathie:** Fähigkeit zum kognitiven Verstehen und affektivem Nachempfinden der vermuteten Emotionen eines anderen Menschen sowie, Mitgefühl, Miterleben und prosoziales Verhalten zu zeigen.

3. **Aufbau von Vertrauen:** Vertrauen ist die Voraussetzung und das Resultat von Formen gelingender Kooperation. Beachtung kulturspezifischer Erscheinungsformen von Verhaltensweisen, Erwartungen und Einstellungen bezüglich vertrauensbildender Signale und Handlungen sind erforderlich. Merkmale sind: Zugänglichkeit, Verlässlichkeit, Beständigkeit, Zusagen einhalten.

4. **Verbalisieren von Anerkennung:** Das Erreichen guter Ergebnisse und Leistungen, auch wenn die Resultate noch nicht vollständig und optimal sind, muss so oft wie möglich ausdrücklich und nachvollziehbar lobend erwähnt werden.

5. **Herstellen von Kontinuität und Verlässlichkeit:** In das Alltagsleben der Flüchtlinge und Migranten muss ein hohes Maß an Stetigkeit, Struktur und Rhythmus gebracht werden. So entsteht ein Gefühl, sich auf etwas verlassen zu können und dass Zukünftiges zuverlässig antizipiert und beeinflusst werden kann.

6. **Gewährleistung von Sicherheit:** So weit wie möglich ein Gefühl von Sicherheit und Geborgenheit vermitteln, z. B. dadurch, dass notwendige Veränderungen begründet und in übergeordnete Regeln und Strukturen eingebunden, nachvollziehbar begründet und kommuniziert werden.

7. **Verbalisieren von Zuversicht:** Immer wieder muss betont werden, dass sich alles zum Guten entwickeln kann und wird und was konkret getan werden muss, um das Erwünschte auch zu erreichen.

8. **Entwickeln von Selbstwertstärkung (Du kannst das schaffen!)**: Stärkung des Gefühls und der Überzeugung, selbst etwas leisten und bewirken zu können. Aufbau von Vertrauen in die eigene Leistungsfähigkeit, das Leben meistern und Probleme, Schwierigkeiten und Barrieren erfolgreich lösen und abbauen zu können.

9. **Setzen anspruchsvoller, aber erreichbarer Ziele:** Ziele sollten sachgerecht, eindeutig, klar und spezifiziert sein. Die Zielerreichung sollte Anstrengungen erfordern und evt. leichte Überforderungen. Ziele müssen akzeptiert werden und Rückmeldungen über den Grad der Zielerreichung sollten kontinuierlich und zeitnah erfolgen.

10. **Vermitteln langfristiger Orientierungen in Bezug auf Ziele und Belohnungen:** Beschreibung, Erläuterung und Begründung in Bezug auf langfristig erreichbare Ziele, Handlungs- und Lebensweisen und die dazu erforderlichen Aufwendungen und Anstrengungen. Verstärkung entsprechender Bemühungen durch belohnendes Feedback und Ermunterungen. Mut machen zum kalkulierten Risiko.

11. **Ermöglichung von Partizipation:** Alle sich bietende Chancen nutzen und alle denkbaren Möglichkeiten schaffen, Flüchtlinge und Migranten an den alltäglichen Ablaufprogrammen, ihrer Organisation, Durchführung und Verbesserung, aktiv zu beteiligen. Die Einbindung der Flüchtlinge und Migranten in die Planung, Realisierung und Verbesserung aller Vorgänge, die sie betreffen, erhöht die Akzeptanz von Entscheidungen und Ablaufprozessen, steigert ihr Selbstwertgefühl und ihre Bereitschaft zur Verantwortungsübernahme.

12. **Verstärken von Verbindlichkeit:** Zusagen, Versprechungen, Vereinbarungen, Absprachen etc. müssen von beiden Seiten aus eingehalten werden, damit in das Alltagsleben von Flüchtlingen und Migranten wieder eine verlässliche, antizipierbare und nachhaltig vertrauenshaltige Orientierung und Ordnung hinein kommt. Eine Atmosphäre, in der Verbindlichkeit herrscht, erhöht die Motivation und stärkt die Leistungsanstrengungen zu einer erfolgreichen Integration.

13. **Hoffnung wecken:** An gut nachvollziehbaren Beispielen zeigen, dass Hoffnung besteht, die Lebens- und Arbeitssituation zu verbessern und zwar durch eigene Anstrengungen und Leistungen.

Konzepte kulturspezifischer Unterschiede und der Umgang mit ihnen

Bei allen hier genannten, von Fachkräften in der Flüchtlings- und Migrantenarbeit zu beachtenden Aspekten und Leistungen, sind als systemische Komponenten kulturspezifische Unterschiede zu beachten. Die Forschungen von Hofstede (1980) zur Bedeutung von Kulturdimensionen, die Forschungen von Thomas

(2011a) zum Kulturstandardkonzept einschließlich der auf dieser Basis entwickelten Trainingsmaterialien für deutsche Manager, Fach- und Führungskräfte zur Arbeit mit Partnern in 40 Kulturen/Nationen (Thomas et al. 2001–2015) und die Arbeiten von Scholl-Machl (2013, 2016) zu deutschen Kulturstandards, liefern Informationen zum Verständnis für die Handlungswirksamkeit kulturspezifischer Einflussfaktoren.

Kulturelle Unterschiede in Bezug auf die Wahrnehmung, das Denken und Urteilen, die Emotionen, die Motive und Motivationen sowie das Verhalten und Handeln spielen in der Arbeit mit Flüchtlingen und Migranten eine zentrale Rolle. Sie sind oft ursächlich für nicht erwartete, irritierende und belastende Missverständnisse und Konflikte. Solche irritierenden und nicht nachvollziehbaren Verhaltensweisen von Flüchtlingen und Migranten müssen nicht immer kulturspezifisch verursacht sein. Sie können auch das Resultat individueller Eigenarten sein oder situations- und kontextspezifische Ursachen haben. Wenn ein und dieselbe Verhaltensreaktion unter vergleichbaren Kontextbedingungen, z. B. wenn Kritik geäußert wird oder wenn es um das Einhalten von Regeln geht, immer wieder bei unterschiedlichen Personen eines identischen kulturellen Hintergrunds beobachtet wird, ist die Wahrscheinlichkeit groß, dass das gezeigte Verhalten aus einem kulturspezifischen Orientierungssystem heraus gesteuert wird und nicht das Resultat individueller Besonderheiten ist. So wird ein Flüchtling aus Afghanistan oder Pakistan, der als Heranwachsender einen jüngeren Bruder bei sich hat, diesen so bevormunden, als sei er der nun allein verantwortliche Erziehungsberechtigte. Denn das entspricht der stark ausgeprägten patriarchalischen Machthierarchie und damit legitimierter Dominanz seiner Herkunftskultur.

Kulturdimensionen und Kulturstandards 7

Die bereits erwähnten Definitionen von Kultur geben eine Erklärung für das, was kulturell bedingte Ursachen bewirken und ermöglichen so ein Verständnis für ihre Wirkungen.

1. „Kultur ist ein Handlungsfeld, dessen Inhalte von den von Menschen geschaffenen und genutzten Objekten bis hin zu Institutionen, Ideen und Mythen reicht. Als Handlungsfeld bietet demnach Kultur Handlungsmöglichkeiten, stellt aber auch Bedingungen; sie bietet Ziele an, die mit bestimmten Mitteln erreichbar sind, setzt aber auch Grenzen für das mögliche bzw. „richtige" Handeln" (Boesch 1980).
2. „Kultur manifestiert sich immer in einem für eine Nation, Gesellschaft, Organisationen oder Gruppe typischen Bedeutungs-/Orientierungssystem. Dieses Orientierungssystem wird aus spezifischen Symbolen (z. B. Sprache, Gestik, Mimik, typische Reaktions- und Verhaltensweisen) gebildet und in der jeweiligen Gesellschaft, Gruppe usw. tradiert. Das Orientierungssystem definiert für alle Mitglieder ihre Zugehörigkeit zur Gesellschaft und ermöglicht ihnen ihre ganz eigene Umweltbewältigung. Das kulturspezifische Orientierungssystem beeinflusst das Wahrnehmen, Denken, Urteilen, Werten, die Emotionen und Motivation sowie das Handeln aller Mitglieder der Gesellschaft" (Thomas 2003).

Für die Arbeit mit Flüchtlingen und Migranten ist es wichtig zu wissen, welche kulturtypischen Bedeutungs- und Orientierungssysteme für die deutschen Fachkräfte einerseits und Klienten aus sehr unterschiedlichen Ländern und Kulturen andererseits handlungsleitend sind. Nicht jede Fachkraft kann sich aber auf alle Herkunftskulturen der Flüchtlinge und Migranten vorbereiten, denen sie begegnet,

© Springer Fachmedien Wiesbaden GmbH, ein Teil von Springer Nature 2018
A. Thomas, *Kulturelle Integration von Migranten und Flüchtlingen im Berufskontext*, essentials, https://doi.org/10.1007/978-3-658-22654-1_7

mit denen sie zusammenarbeiten und kooperieren muss. Eine Hilfe wäre es aber, wenn sie eine Orientierung bekäme, worauf sie zu achten hat, um kulturell und nicht individuell und situativ bedingte Divergenzen, Abweichungen und Unterschiede vom gewohnten Eigenen zu erkennen, sie zu verstehen und damit produktiv umgehen zu können.

Das Konzept der Kulturdimensionen

Der niederländische Psychologe Geert Hofstede (1980) hat vor Jahrzehnten im Auftrag eines global operierenden Konzerns eine umfangreiche Studie über arbeitsbezogene Wertvorstellungen durchgeführt und aufgrund der Auswertung des gewonnenen Materials zunächst fünf Kulturdimensionen (siehe Tab. 7.1) definiert, die nach seiner Auffassung für das Handeln der Menschen weltweit, aber in den einzelnen Ländern mit unterschiedlicher Ausprägungsstärke, bedeutsam sind:

Die Ausprägungsgrade der 5 Kulturdimensionen in verschiedenen Ländern wurden quantifiziert und daraus länderspezifische Profile entwickelt mit dem Ziel,

Tab. 7.1 5 Kulturdimensionen. (Nach Hofstede 2000)

1. **Individualismus**.....................gegenüber...................**Kollektivismus**		
Unabhängigkeit, Selbstständigkeit, Eigenverantwortlichkeit, Selbstverwirklichung	soziale Abhängigkeit, Einbindung, Netzwerke, Loyalität, Verantwortung	
(Nordamerika, Europa, Deutschland Australien)	(Asien, Afrika, Lateinamerika, arabischer Raum, Osteuropa)	

2. **Feminität**.............................gegenüber...................**Maskulinität**	
Soziale Geschlechtergleichheit, soziale Beziehungen, das Behüten, und Bewahren, prosoziales Verhalten, Empathie	Trennung der Geschlechterrollen, patriarchalische Verhaltensformen Macht, Kampf, Leistung, Besitz

3. **Machtdistanz niedrig**.................. .gegenüber...................**Machtdistanz hoch**	
flache Hierarchien, soziale und rechtliche Gleichstellung, Dezentralisierung	Ungleichheit zwischen Personen, starke hierarchische Strukturen, Zentralisierung der Macht, Privilegien und Statussymbole

4. **Unsicherheitsvermeidung schwach**... gegenüber......**Unsicherheitsvermeidung stark**	
Unsicherheiten sind unvermeidbar, normal, zu bewältigen, Flexibilität, Wohlbefinden	Angst vor Unsicherheiten, Veränderungen sind gefährlich, starke Regelorientierung, starres Festhalten an überkommenen Regeln

5. **Zeitorientierung langfristig**...............gegenüber..... **Zeitorientierung kurzfristig**	
Sparsamkeit beim Umgang mit Ressourcen Langfristigkeit von Zielen und Belohnungen	sozialer Druck mithalten zu können, Konkurrenzkampf, schnelle Ergebnisse

das Maß an kultureller Diversität bei der Zusammenarbeit zwischen Menschen aus den einzelnen Ländern/Kulturen festzustellen zu können.

Die größte Aufmerksamkeit in der Forschung und der Trainingspraxis fand dabei die Dimension Individualismus gegenüber Kollektivismus. Selbstverwirklichung, individualistische Anstrengungsbereitschaft und Leistungsfähigkeit sowie Eigenverantwortlichkeit sind in Nordamerika, Nord- und Mitteleuropa und Australien zentrale Erziehungsziele, auf die in der familiären und schulischen Erziehung und in der beruflichen Ausbildung großen Wert gelegt wird. In z. B. asiatischen Ländern gilt demgegenüber die Erlangung der Meisterschaft über das perfekte Nachahmen dessen, was ein kollektiv anerkannter Meister seines Faches, als absolute und unwidersprochene Autorität, vormacht, als Erziehungsziel. Die Resultate so unterschiedlicher Sozialisationsprozesse schlagen sich in vielfältiger Weise im Denken und Handeln der Mitglieder der jeweiligen Kulturen nieder. 2010 kam eine sechste Dimension dazu: Genuss vs. Beschränkung.

Das Kulturstandardkonzept
In Deutschland wurde das perspektivische Kulturstandardkonzept entwickelt und zwar auf der Basis hunderter Interviews mit deutschen Managern, Fach- und Führungskräften, die im Auslandseinsatz tätig waren. Sie wurden an ihren jeweiligen Arbeitsstätten über ihre kulturspezifischen Erfahrungen mit Partnern in 40 Ländern der Welt befragt und das Datenmaterial auf die Wirkung von Kulturstandards aus deutscher Sicht hin analysiert. Kulturstandards werden dabei als hypothetische Konstrukte beschrieben, die die kulturspezifische Art der Wahrnehmung, des Denkens, des Wertens, des Empfindens und des Handelns bestimmen und die von der Mehrzahl der Mitglieder einer bestimmten Kultur für sich persönlich und andere Personen als normal, typisch, selbstverständlich und verbindlich angesehen werden. Kulturstandards gelten Deutschen als Maßstab und als Gradmesser für richtiges und kulturell akzeptiertes Verhalten und Handeln (Thomas 2011a). So konnten beispielsweise für die Zusammenarbeit mit Partnern in den **arabischen Golfstaaten** folgende Kulturstandards aus deutscher Sicht ermittelt werden:

1. „*Gruppenorientierung:* Unterteilung der Lebensbereiche in Innen- und Außenwelt; Abgrenzung der Lebensbereiche von Mann und Frau, Familie und Clan; enger Gruppenzusammenhalt, gemeinsame Werte und Normen; jeder einzelne ist von der Gruppe abhängig und ihr verpflichtet; keine Privatheit im westlichen Sinne; ausgedehnte persönliche Netzwerke.
2. *Personorientierung:* patriarchalische Führung; Verschmelzung von privaten und geschäftlichen Angelegenheiten; subjektive Bewertungen beeinflussen Entscheidungen; persönliche Kontakte und Netzwerke sind von großer

Wichtigkeit; eine gute persönliche Beziehung garantiert eine gute Geschäftsbeziehung.

3. *Polychrones Zeitverständnis:* Zeit ist etwas relatives, von Gott gegebenes; Verspätungen und Verzögerungen gelten nicht als Zeitverlust; Erledigung mehrere Dinge gleichzeitig; kurzfristige Planung und Spontaneität; Geduld haben, auf den richtigen Zeitpunkt zu warten.

4. *Gastfreundschaft:* gute Behandlung von Gästen ist eng mit dem eigenen Ansehen verknüpft; Gastfreundschaft als Tugend und Grundstein der sozialen Interaktion; Gebot der Hilfsbereitschaft und Generosität.

5. *Ehre und Würde:* Ehre und Würde sind ein gemeinsamer Wert; Vermeidung des Gesichtsverlusts; Harmoniestreben; indirekter Kommunikationsstil.

6. *Hierarchieorientierung:* hierarchische Strukturen im Privat- und Geschäftsbereich; Klassengesellschaft; Autorität und Respekt gegenüber Höhergestellten; Status und dieser spürbar in der Öffentlichkeit; zentralisierte Führungsstruktur, autoritärer Führungsstil in Organisationen und Unternehmen" (Reimer-Conrads und Thomas 2009, S. 115–116).

Für **Inder** wurden beispielsweise folgende Kulturstandards aus deutscher Sicht ermittelt:

1. *„Starke hierarchische Strukturen:* Innerhalb der hierarchischen Gesellschaftsordnung ist die soziale Stellung jedes Menschen genau festgelegt.

2. *Rollenkonformitä*t: Mit der hierarchischen Stellung einer Person in der Gesellschaft sind streng einzuhaltende Rollen hinsichtlich des Verhaltens der Person verbunden (Kastensystem). Die Rollenverhältnisse definieren die Beziehungen der Menschen untereinander. Um den Zusammenhalt einer Gesellschaft nicht zu gefährden, muss sich jeder den seinem Status entsprechenden Rollen verhalten.

3. *Personalismus:* Informelle Beziehungsnetzwerke sind in Indien besonders wichtig. Um das eigene Beziehungsnetzwerk zu vergrößern, wird viel Zeit für den Aufbau und die Pflege von persönlichen Beziehungen verwendet.

4. *Familienorientierung:* Die Familie genießt einen sehr hohen Stellenwert. Sie stellt für die meisten Inder ihren Lebensmittelpunkt dar. Das Wohl der Familie steht über den Bedürfnissen des Einzelnen. Gemeinsamkeit ist wichtiger als Individualität und Selbstständigkeit. Die Familie ist patriarchalisch strukturiert.

5. *Paternalismus:* Von der männlichen Autoritätsperson (Vorgesetzter, Familienvater) wird sowohl autoritäres als auch väterlich-fürsorgliches Verhalten erwartet. Die Macht- und Statusunterschiede werden von beiden Seiten nicht nur akzeptiert, sondern auch erwartet.

6. *Konfliktvermeidung:* Inder sind stets bestrebt, Konflikten aus dem Weg zu gehen, um die soziale Harmonie zu wahren.

7. *Emotionalität*: Die emotionale Nähe zu anderen Personen ist sehr wichtig. Inder werden eher von ihrem Herzen geleitet als von ihrem Verstand.

8. *Polychronie:* Simultane Aufgabenerledigung. Mehrere Aufgaben werden zur gleichen Zeit erledigt. Einzelne Aufgaben werden weniger exklusiv behandelt.

9. *Fatalismus:* Das Motto lautet „Was geschehen soll, wird geschehen". Das Schicksal eines Menschen hängt von den Taten in seinem vorherigen Leben ab. Man muss daher kein Mitleid mit weniger privilegierten Menschen haben. Die meisten Ereignisse werden von äußeren Faktoren bestimmt und sind daher nur bedingt beeinflussbar" (Mitterer et al. 2013, S. 157–160).

In der Arbeit mit Flüchtlingen/Migranten ist es für die deutschen Fachkräfte zweifellos nützlich und für das Erreichen positiver Arbeitsergebnisse für beide Seiten sinnvoll, über Wissen über die Besonderheiten des jeweiligen kulturellen Orientierungssystems zu verfügen, die das Handeln des Klienten beeinflussen. Die Kulturstandards können hierbei eine Hilfe sein. Die hier erwähnten interkulturellen Trainingsprogramme nutzen Lernmaterialien, wie Kulturstandards und ihnen zugrunde liegende kulturell bedingt kritische Interaktionssituationen, die aus Interviews mit deutschen Fach- und Führungskräften gewonnen wurden und nicht aus Interviews mit Flüchtlingen/Migranten. In entsprechenden Untersuchungen hat sich aber gezeigt, dass die Kulturstandards nicht nur das Verhalten im Kontext wirtschaftlicher, kaufmännischer und technischer Vorgänge beeinflussen, sondern auch für andere Handlungsfelder Geltung besitzen. Immer geht es um die Beeinflussung von Interaktionen in kulturellen Überschneidungssituationen.

Wie schon erwähnt können interkulturelle Begegnungen und Kooperation nur dann gelingen, wenn die Fachkräfte nicht nur Wissen über das kulturelle Orientierungssystem der jeweiligen Flüchtlinge/Migranten besitzen, sondern auch über das eigenkulturelle Orientierungssystem Bescheid wissen. Also deutsche Kulturstandards aus Sicht anderer Kulturen kennen und in ihren Wirkungsweisen verstehen, die ihr Verhalten im Alltag und im Berufsfeld beeinflussen.

Im Zusammenhang mit interkulturellen Vorbereitungs- und Orientierungstrainings, an denen deutsche und ausländische Klienten teilnahmen, wurden mit den ausländischen Teilnehmern Interviews geführt über ihre Erfahrungen im Umgang mit Deutschen. Die Interviewergebnisse wurden analysiert und daraus folgende deutsche Kulturstandards aus deren Sicht ermittelt, die für das kulturspezifische Orientierungssystem von deutschen Fach- und Führungskräften charakteristisch sind (Schroll-Machl 2013):

Deutsche Kulturstandards

1. *Sachorientierung:* „Der Vorteil der Sachorientierung liegt darin, dass die Fixierung auf die sachlichen Aspekte eine sehr stringente Verfolgung der

Ziele erlaubt. Denn alles, was der Zielstrebigkeit in Weg steht – wie momentane Befindlichkeiten oder individuelle Empfindlichkeit –, wird ausgeblendet. Gleichwohl gibt es eine Reihe von Nachteilen. Der Sachbezug hat auf der Beziehungsebene den Preis von Härte und Strenge. Auf der Beziehungsebene verursacht diese Haltung Unannehmlichkeiten, wenn unter Sachzwängen Entscheidungen getroffen und Handlungen verlangt werden, die auf der subjektiven, individuellen Ebene das Wohlbefinden beeinträchtigen oder wenn ausschließlich zugunsten der Sache durchgegriffen wird" (S. 59–60).

2. *Wertschätzung von Strukturen und Regeln:* „Deutsche lieben Strukturen. Dahinter steckt das Bedürfnis nach einer klaren und zuverlässigen Orientierung für alle Beteiligten, nach Kontrolle über eine Situation, nach Risikominimierung und prophylaktischer Ausschaltung von Störungen und Fehlerquellen. Planung, also das Erstellen einer Struktur, eines irgendwie passend erscheinenden Systems, scheint das Zauberwort zur Meisterung der anstehenden Aufgaben. Wenn Deutsche planen, organisieren, strukturieren, systematisieren, dann machen sie das nicht zum Vergnügen, sondern aus der Überzeugung heraus, dass so die anstehenden Aufgaben und die gemeinsamen Aktivitäten am besten bewältigt werden können" (S. 72).

3. *Regelorientierte, internalisierte Kontrolle:* „Deutsche halten sich an die Regeln und haben generell eine starke Identifikation mit ihren Tätigkeiten, sie nehmen ihre Arbeit, ihre Rollen und Aufgaben und die damit verbundene Verantwortung sehr ernst. Auf alle Beteiligten muss Verlass sein. Eine Sache ist organisiert und jetzt wird von allen erwartet, dass sie sich korrekt an ihre Zuständigkeit halten und ihre Aufgabe erfüllen. Nur im Zusammenspiel aller Beteiligten funktioniert das System. Strukturen und Regeln erhalten einen moralischen Wert: sie einzuhalten wird gleichgesetzt mit Zuverlässigkeit. Verlässlichkeit wird nicht nur dadurch erreicht, dass es Instanzen gibt, die von außen kontrollieren, sondern viele Menschen an ihrem Platz, die von sich aus das tun, was von ihnen erwartet wird" (Die Kontrolle ist internalisiert, also verinnerlicht) (S. 93–94).

4. *Zeitplanung:* „Zeit ist ein kostbares Gut und darf nicht nutzlos vergeudet werden, sondern muss effektiv genutzt werden. Dazu dienen langfristige, genaue Zeitplanungen und ein präzises Erfüllen des Zeitplans. Im Tun will man sich nicht mit Nebensächlichkeiten aufhalten. Es gilt vielmehr, sich auf das Wesentliche zu konzentrieren und sich nicht ablenken zu lassen." (S. 124). Wesentlich ist das sachlich Gebotene.

5. *Trennung von Persönlichkeits- und Lebensbereichen:* „Deutsche arbeiten während der Arbeit und ‚leben' in ihrer Freizeit, also am Feierabend, am Wochenende, im Urlaub. Am Arbeitsplatz hat die Arbeit Vorrang und alles

andere tritt zurück. Im Privatleben nehmen wiederum Beziehungen, Familie, Freunde, persönliche Neigungen und Interessen die ganze Person in Anspruch. Im Beruf ist ein Deutscher sachorientiert, privat beziehungsorientiert" (S. 144).

6. *„Schwacher Kontext" als Kommunikationsstil:* „Der deutsche Kommunikationsstil ist allseits bekannt für seine große Explizitheit und Direktheit: Deutsche formulieren das, was ihnen wichtig ist mit Worten und benennen die Sachverhalte dabei klar und eindeutig. Deutsche denken nicht daran, auf mögliche Empfindlichkeiten Anwesender besonders Rücksicht zu nehmen. So können ihre Aussagen verletzend wirken, obwohl das nicht so gemeint und beabsichtigt war" (S. 172).

7. *Individualismus:* Persönliche Unabhängigkeit und Selbstständigkeit werden hoch bewertet. Die primäre Identität ist die *persönliche* Identität des Individuums, das was eine Person im Unterschied zu anderen Personen auszeichnet und charakterisiert. Als Leitmotiv kann formuliert werden: Ich bin ich. Ich habe meine eigenen Ziele und Pläne, meine eigene Geschichte und meine Erfahrungen. Ich unterscheide mich daher auch von allen anderen Menschen. Ich entscheide über mein Leben weitgehend selbst. Ich verfolge meine eigenen Ziele und Interessen, aber ich habe auch die Konsequenzen für Fehlentscheidungen zu tragen. Ich kann das tun, was ich tun will und für richtig halte (S. 204).

Da viele Flüchtlinge/Migranten, die aus islamischen Ländern nach Deutschland eingereist sind, hier Hilfe und Unterstützung bekommen, ist es sinnvoll und nützlich, Kulturstandards der islamischen Welt zu kennen (Schroll-Machl 2016, S. 238–248):

Kulturstandards islamisch geprägter Länder

1. *Polychrone Zeitnutzung/Gegenwartsorientierung:* „Zeit ist etwas Relatives, von Gott gegebenes. Genutzt wird sie auf eine polychrone Art: Vieles wird parallel gemacht und mehrere Dinge werden gleichzeitig erledigt. Pünktlichkeit und Termintreue sind kontextabhängig, manchmal findet man sie, öfter nicht – je nach Wichtigkeitsgrad eines Termins. Verspätungen und Verzögerung gelten nicht als Zeitverlust, sondern man akzeptiert sie gelassen, geduldig, unterwürfig. Menschliche Beziehungen sind wichtiger als Termine und somit wird ihnen eben die Zeit gewidmet, die sie gerade brauchen, ohne auf anderweitige zeitliche Verpflichtungen oder auf Zeitpläne zu achten."

2. *Beziehungsnetzwerke:* Die Menschen sind fest in Beziehungsnetze eingebunden (deren Kern die Familie ist), die ihnen Sicherheit geben in einer Welt ohne soziale Absicherung und die diverse Schicksalsschläge bewältigen

lassen. Durch solche Beziehungsnetze kommt man überall schneller und besser ans Ziel.

3. *Starker Kontextbezug zur Kommunikation:* Die Kommunikation hat in der islamischen Welt ihren ganz eigenen Stil: Sie ist expressiv, aber nicht direkt. Man spricht gern durch die Blume und benutzt eine bildliche Sprache. Manierismen und Metaphern stehen anstelle von eindeutigen Aussagen. Lebendiges Gestikulieren, lautes Reden, mitunter dramatische Ausbrüche unterstreichen die Leidenschaft des Sprechers. Was zwischen den Zeilen steht, ist meist von größerer Bedeutung. Beredsamkeit wird wertgeschätzt und geübt (Sprechen als Zeitvertreib). Nonverbale Signale sind wichtig, Benimm und Respekt sogar noch wichtiger. Dabei achtet man auf die Situation und das Umfeld, wenn etwas gesagt wird: Wer ist dabei? Welchen Status hat er etc.? Entsprechend erfolgt dann die Interpretation, was wohl mit dem Gesagten gemeint war. Ist man selbst der aktive Sprecher, wählt man seine Worte ebenfalls kontextbezogen so, dass sie für die Situation passen und vertraut auf den Hörer, dass er schon richtig dekodiert wird. Leitlinien der Kommunikation sind Ehre und Würde, zwei bedeutende Werte in der islamischen Welt. Ein Gesichtsverlust für beide Seiten ist unbedingt zu vermeiden auch bei Konflikten und bei Kritik. Man strebt nach Harmonie.

4. *Hierarchie als Organisationsprinzip:* Hierarchische Strukturen herrschen im Privatbereich wie im Geschäftsleben, also in Familie, Gesellschaft und Organisationen. Alter, Geschlecht und Beschäftigung sind Indikatoren für die soziale Stellung von Personen: Die Gesellschaften sind klare Klassengesellschaften. Die Oberschicht gibt sich statusbewusst: Sie erledigt keine körperliche Arbeit, pflegt ihren eigenen Dresscode, vermischt sich nicht mit anderen Schichten und zeigt ungeniert ihre Statussymbole. Wegen der starken Hierarchieorientierung sind für die, die gesellschaftlich oben stehen und die eine große Sensibilität für hierarchische Signale besitzen, Fragen von entscheidender Bedeutung wie z. B. Was steht mir zu? Werde ich respektvoll behandelt? Wo beginnt die Grenzüberschreitung anderer? Wurde ich übergangen? Gebe ich mich mit den angemessenen Leuten ab? (…) Für die gesellschaftlich unten Stehenden besteht dagegen wenig Aufstiegsmotivation, denn sie können ihre gesellschaftliche Schicht nur schwer, wenn überhaupt, verlassen.

5. *Geschlechtertrennung:* In der Außenwelt treten Frauen vielfach in männlicher Begleitung, d. h. unter männlichem Schutz auf. Dennoch gibt es je nach Land und Branche durchaus Frauen in höheren Positionen, die ihrer Position gemäß auch geachtet und respektiert werden. Gespräche zwischen Mann und Frau werden in der Öffentlichkeit vermieden, ebenso Blick-und Körperkontakt.

Wenn ein Mann und eine Frau sich allein in einem Raum treffen, wird eine erotische Komponente vermutet.

6. *Dominanz der Religion:* Da der Islam nicht zwischen weltlichen und geistlichen Belangen trennt, sind religiöse Gefühle, Traditionen und Vorschriften allgegenwärtig und prägen das tägliche Leben nachhaltig. Zudem herrschte in diesen Regionen niemals eine geistesgeschichtliche Bewegung wie die Aufklärung, die zu einer Säkularisierung geführt hätte. So finden sich eine starke Ausrichtung an religiösen Vorschriften (Essensvorschriften, Beten, Ramadan etc.) und viele religiös verwurzelte Redewendungen (wie „inshallah"- so Gott will).

Lern- und Trainingskonzepte

Fachkräfte, die haupt- oder ehrenamtlich mit Flüchtlingen/Migranten zu tun haben, sind daran interessiert, dass sie mit ihrer Arbeit die zu erwartenden und erwünschten Resultate erbringen und im weiteren Sinne eine Integration ihrer Klienten in die deutsche Gesellschaft zu ermöglichen, zu fördern und zu unterstützen. Zudem besteht bei allen Fachkräften der Wunsch, dass ihnen die Arbeit auch Freude bereitet, dass sie Erfolge verzeichnen können und sich dementsprechend auch Erfolgserlebnisse einstellen. Da sich interkulturelle Handlungskompetenz als ein für den Erfolg wichtiger Faktor darstellt und dieser sich nicht allein durch „learning by doing", also gleichsam nebenbei, im Verlauf der Arbeit mit Flüchtlingen und Migranten einstellt, sind Wissen, Kenntnisse und Fertigkeiten zu erwerben, die den gewünschten Arbeits- und Leistungserfolg ermöglichen. Die weiter oben schon behandelten integrationsspezifischen Aspekte interkultureller Handlungskompetenz beschreiben, was zu entwickeln ist.

Es gibt nun eine Reihe von interkulturellen Lern- und Trainingskonzepten, die zur Förderung interkultureller Handlungskompetenz entwickelt und zum Teil auch auf ihre Lernwirksamkeit hin auch evaluiert wurden und die gut dokumentiert sind (Kammhuber 2000; Kinast 2005; Leenen 2007; Thomas 2009). Dazu zählen:

1. *Informationsorientierte Trainings:* Vermittelt werden landeskundliche Informationen und für Fach- und Führungskräfte im Auslandseinsatz oder in der Zusammenarbeit mit ausländischen Partnern im Inland anforderungsrelevante Themen zur Geschichte, Kultur, Politik, Bürokratie, staatlichen Verwaltung, Ökonomie, Rechtssystemen, Medien und Geografie. Dies geschieht meist im Rahmen von Vorträgen und Kolloquien.

© Springer Fachmedien Wiesbaden GmbH, ein Teil von Springer Nature 2018
A. Thomas, *Kulturelle Integration von Migranten und Flüchtlingen im Berufskontext,* essentials, https://doi.org/10.1007/978-3-658-22654-1_8

2. *Interaktionsorientierte Trainings:* Bei diesen Trainings geht es darum, eine Sensibilität und ein Verständnis für kulturspezifische Einflüsse auf das Interaktionsverhalten zwischen einheimischen Partnern und Fach- und Führungskräften aufzubauen. Erreicht werden soll diese Sensibilität durch den direkten Kontakt mit Einheimischen des Ziellandes oder durch individuelle und gruppenbezogene kurzfristige Exkursionen vor Ort. Interaktionsorientierte Trainings werden auch oft in den Fremdsprachenunterricht integriert. Berufsfeldspezifische Fragen und Problemstellungen werden mit einheimischen Experten aus dem Zielland diskutiert, wobei diese Art der Informationsvermittlung ein Klima hoher Authentizität entstehen lässt, Lernmotivation stärkt, Ängste und Verunsicherung abbaut.

3. *Verstehensorientierte Trainings:* Das Ziel dieser Trainings besteht darin, den Lernenden zu sensibilisieren und zu qualifizieren, kulturell bedingt kritische Interaktionssituationen als solche zu erkennen und in adäquater Weise auf das erwartungswidrige Verhalten des fremden kulturellen Partners zu reagieren. Dazu ist es wichtig, dass der Lernende sein eigenkulturelles Orientierungssystem und dessen Wirkungen in der Interaktion mit fremdkulturellen Partnern kennenlernt und entstehende Konfliktsituationen zur Zufriedenheit beider Partner steuern und kontrollieren kann. Hier sind Rollenspiele und der Einsatz von Videotechnik sehr lernwirksam.

Für Fachkräfte in der Arbeit mit Flüchtlingen/Migranten sind verstehensorientierte Trainings das adäquate Instrument zur Qualifizierung. Die Trainingsteilnehmer werden mit alltäglichen, kulturell bedingt konflikthaften Interaktionssituationen in der Begegnung mit Flüchtlingen und Migranten konfrontiert, die sie anhand eines spezifischen Ablaufssystems durchzuarbeiten haben. Zu jeder geschilderten konflikthaften Interaktionssituation werden verschiedene Interpretationsmöglichkeiten für das Verhalten der beteiligten Personen vorgelegt, von denen eine Interpretation aus Sicht der Fremdkultur die am besten zutreffendste Antwortalternative darstellt. Die anderen Antwortalternativen erscheinen zwar zunächst auch plausibel, sind aber Missinterpretationen, die auf Unkenntnis der Konflikt verursachenden kulturellen Einflussfaktoren und auf ethnozentristischen Irrtümern beruhen. Dem Lernenden wird nach der Entscheidung für eine Alternative nicht nur mitgeteilt, ob seine Wahl kulturadäquat war oder nicht, sondern er erhält Erklärungen darüber, warum aus der Sicht der Gastkultur die eine Antwortalternative kulturadäquat und die anderen Antwortalternativen es nicht sind. Diese Informationen sollen ihm eine nachvollziehbare Begründung für die Angemessenheit seiner Antwort geben und ihm helfen, einen kulturellen Bezugsrahmen aufzubauen, der es ihm erlaubt, ähnliche Situationen zunächst im weiteren Training und dann in der Gastkultur selbst bewältigen zu können. Mithilfe dieses „Feedback-Verfahren" werden dem Handelnden zentrale Kulturstandards des Gastlandes aus deutscher Sicht und deren Handlungswirksamkeit vermittelt. Er wird so auf bedeutsame Unterschiede zwischen eigenem Verhalten und dem fremder Interaktionspartner (Flüchtlinge/Migranten) aufmerksam gemacht (Thomas 2016, S. 274).

Dieses Trainingsverfahren beruht auf dem bereits 1971 von Fiedler, Mitchell und Triandis in den USA entwickelten sogenannten „culture-assimilator-training" (Triandis 1984). Dabei handelt es sich nicht um ein Instrument zur Anpassung, wie der Titel irrtümlicherweise verheißt, sondern zum differenzierten und handlungswirksamen Verstehen der kulturspezifischen Arten des Wahrnehmens, des Denkens, des Urteilens, des Empfindens, der Motivation und des Handelns bei fremdkulturellen Partnern. Besonderes Augenmerk muss auf die Auswahl des Trainingsmaterials gelegt werden. Es muss aus typischen und häufig auftretenden kulturell bedingten Konfliktsituationen aus der Arbeit mit Flüchtlingen/ Migranten bestehen und Experten aus den Herkunftsländern der Flüchtlinge/ Migranten müssen die Erläuterungen und zutreffenden Begründungen für die Konfliktursachen beitragen. Bei alledem ist es wichtig, dass der Lernende nicht nur das vorgegebene Trainingsmaterial liest, sondern angehalten wird, sich vor dem Lesen erst einmal selbst darüber Gedanken zu machen, warum der Flüchtling/ Migrant sich so verhält und inwieweit seine eigenen Vorstellungen, Einstellungen und Verhaltensgewohnheiten die Interpretation des Verhalten des fremdkulturellen Partners beeinflussen. Auch Konfliktlösungsstrategien sollten erst einmal vom Lernenden selbst entwickelt werden, bevor er sich mit dem von Experten gelieferten Material beschäftigt.

Die zweifellos hohen Anforderungen an die hauptamtlichen und ehrenamtlichen Fachkräfte in der Arbeit mit Flüchtlingen/Migranten erfordern eigentlich eine Vorbereitung auf die Arbeit in Form entsprechend wirksamer interkultureller Trainings. Solange diese Trainings nicht vorhanden sind oder nicht durchgeführt werden, sind die Fachkräfte auf die Analyse alltäglich anfallender Fallbeispiele in Form von Konflikten zwischen deutscher Fachkraft und den Anliegen der Flüchtlinge/Migranten als Erfahrungs- und Übungsmaterial angewiesen. Bei dieser Art des Selbststudiums können die bereits angesprochenen Forschungsergebnisse zur Identifizierung von Kulturstandards und zur Arbeit mit deutschen Kulturstandards und den Kulturstandards der Herkunftsländer der Flüchtlinge/Migranten schon recht nützlich sein. Darüber hinaus können im Selbststudium bestimmte Verhaltensweisen eingeübt werden, die es ermöglichen, durch die Analyse der Bedingungen, des Verlaufs und der Wirkungen kulturspezifischer Orientierungssysteme Problemlösungen zur Bewältigung kritischer Interaktionssituationen zu entwickeln, die dann zur Steuerung des eigenen Handelns in kulturellen Überschneidungssituationen genutzt werden. Dazu dienen die folgenden Anregungen.

Die Orientierung an perspektivischen Kulturstandards als hypothetische Konstrukte erleichtert zwar den Zugang zum Verständnis für die Ursachen kritischer Interaktionssituationen im Umgang mit Flüchtlingen und Migranten und doch sind es nur Vereinfachungen und recht grobe Klassifikationshilfen. Ihre Anwendung zwingt dazu, sich genauer mit der einzelnen konkreten und immer einmaligen Interaktionssituation und den daran beteiligten Personen auseinander zusetzen. Das bedeutet konkret, das Geschehen genau zu beobachten (Selbst- und Fremdbeobachtung) und zum Verständnis kritischer Interaktionssituationen und ihrer Bewältigung eine Situationsanalyse entsprechend dem folgenden Arbeitskonzept in Form von Selbstkommandos zu organisieren.

1. **Stopp den automatischen Bewertungsprozess!**
In der Zusammenarbeit mit Flüchtlingen und Migranten erleben deutsche Fachkräften viel häufiger, als wenn sie mit Deutschen zusammenarbeiten, eine Diskrepanz zwischen ihren eigenen Erwartungen und denen des anderskulturellen Partners sowie dem, was er an Verhaltensweisen konkret zeigt. Es entstehen emotional belastende kognitive Dissonanzen, die man so schnell wie möglich loswerden möchte. Ein probates und gut erprobtes Mittel besteht darin, nach einleuchtenden Erklärungen für das diskrepante Verhalten zu suchen und dabei auf das zurückzugreifen, was man als Ursachen für diskrepantes Verhalten schon kennt und was einem vertraut ist: der anderskulturelle Partner versteht mich nicht, er will mich nicht verstehen, er besitzt nicht die Qualifikation mich zu verstehen, er macht einfach, was er will.
Solche Prozesse der Ursachenzuschreibung (Kausalattribution) verlaufen völlig automatisch und sind auch nicht bewusstseinspflichtig. Auf diese Weise konstruiert man eine befriedigende Erklärung für das beobachtete Verhalten und glaubt, das Verhalten des Partners verstanden zu haben. Tatsächlich aber führen diese Attributionen in der Regel nicht zu einem zutreffenden Verständnis der kritischen Interaktionssituation und seiner Ursachen. Der automatische Bewertungsprozess blockiert vielmehr eine effektive und zufriedenstellende Problemlösung und verstellt den Blick für die Wirksamkeit kulturspezifischer Determinanten.

2. **Präzisiere, was dich irritiert und was den Partner irritieren könnte!**
Irritationen entstehen aus den Diskrepanzen zwischen den eigenen Erwartungen in Bezug auf das Partnerverhalten und dem in der Interaktion beobachtbaren Verhalten. Analysiere die Verhaltenselemente, die für die eigenen Irritationen verantwortlich sind, und die Verhaltenselemente, die vermutlich beim Partner zu Irritationen geführt haben. Welche Erklärungen gibt es hierfür?

3. **Reflektiere und präzisiere deine eigenen Erwartungen!**

Präzisiere die eigenen Erwartungen! Prüfe, inwieweit der Partner überhaupt in der Lage sein könnte, die eigenen Erwartungen zu erfüllen: Was verlange ich von ihm? Entstehen dadurch womöglich Überforderungen? Welche sind das? Lassen sich die eigenen Erwartungen so modifizieren, dass sie vom Partner erfüllbar sind?

4. **Analysiere die individuellen und situativen Bedingungen!**

Kritische Interaktionssituationen werden bestimmt von individuellen und situativen Bedingungen. Individuelle Bedingungen sind beispielsweise Alter, Geschlecht, Ziele, Position, Status und Rollen in sozialen Gefügen, soziale und personale Identität, Bildungsstand und berufliche Qualifikationen. Situative Bedingungen sind beispielsweise Raum, Zeit, soziale Atmosphäre, Handlungs-spielräume und Handlungsgrenzen, soziale Unterstützung und Widerstände.

5. **Antizipiere die Wirkungen deines eigenen Verhaltens!**

Welche Wirkungen des eigenen Verhaltens erwartest du aufgrund deiner bis-herigen Erfahrungen? Welche Wirkungen beobachtest du beim Partner? Wie sind die Diskrepanzen zwischen dem, was du beobachtest, und dem, was der Partner realisiert, zu erklären?

6. **Reflektiere die möglichen Erwartungen des Partners!**

Welche Möglichkeiten bieten sich an, die Erwartungen des Partners zu erken-nen? Möglichkeiten sind beispielsweise: Befragung des Partners; Befragung von Personen, die den Partner gut kennen; Beobachtung und Analysen des Partnerverhaltens in unterschiedlichen sozialen Kontexten.

7. **Erkenne die Wirksamkeit deiner eigenen Kulturstandards in der Interak-tionssituation!**

Welche eigenen Kulturstandards könnten in der konkreten kritischen Interak-tionssituation wirksam geworden sein? Wie können sie das Partnerverhalten beeinflusst und die entstandenen Irritationen verursacht haben?

8. **Nutze das Wissen um die Wirksamkeit der fremden Kulturstandards zur Konfliktlösung und zur Herstellung beiderseitiger Zufriedenheit!**

Prüfe, welche Kulturstandards aufseiten des Partners wirksam gewesen sein könnten. Welche Inkompatibilitäten lassen sich zwischen den auf beiden Seiten entstandenen Wirkungen feststellen? Welche Möglichkeiten der Annäherung, der Förderung von kompatiblen Verhaltensreaktionen, der Konfliktentschär-fung, der Wiedergewinnung von Orientierungsklarheit und der Entwicklung beiderseitiger Zufriedenheit lassen sich verwirklichen?

Ermöglichen die aufgrund unterschiedlicher Kulturstandards entstandenen Verhaltensausprägungen die Entwicklung kultureller Synergien?

Die Beratungsthematik

Die Arbeit mit Flüchtlingen/Migranten, ob hauptamtlich oder ehrenamtlich, umfasst eine Vielzahl von sehr unterschiedlichen Tätigkeiten, aber die Beratung, speziell die Weitergabe von Informationen, die Diskussion über den Sinn und Nutzen wichtiger Entscheidungen, Vermittlung von Wissen, Einsichten und Einstellungen sowie Vorschläge zum Lernen oder das Einüben von Tätigkeiten und Fertigkeiten sind immer von zentraler Bedeutung. Der deutsche Berater greift dabei auf das zurück, was er selbst gelernt, als richtig, stimmig und zielführend erkannt hat und von dem er überzeugt ist, dass man damit im Leben in Deutschland gut zurechtkommt. Diese eigenen Überzeugungen wird er zu vermitteln und falls erforderlich auch rational zu begründen versuchen.

Der international anerkannte Sozialpsychologe Kurt Lewin (1890–1947) hat folgende Leitsätze für jedwede Beratertätigkeit formuliert, unabhängig davon, ob Ratgeber und Ratsuchender in ein und derselben Kultur sozialisiert wurden oder aus unterschiedlichen Kulturen kommen: „Gesagt ist nicht gehört.- Gehört ist nicht verstanden.- Verstanden ist nicht einverstanden.- Einverstanden ist nicht behalten.- Behalten ist nicht angewandt.- Angewandt ist nicht beibehalten".

Vom Gesagten bis zum Beibehalten der vermittelten Inhalte und der Umsetzung des im Beratungsprozess Erfahrenen und Gelernten in Entscheidungen und Handlungen, gibt es also immer viele Fallstricke und wenn der Berater nicht aufpasst, geht ihm vieles und womöglich zu vieles zwischenzeitlich verloren, ohne dass er es bemerkt.

Was bedeutet dies im Zusammenhang mit der Beratung von Migranten und Flüchtlingen mit dem Ziel, ihre kulturelle Integration im Berufskontext zu fördern?

1. *„Gesagt ist nicht gehört":* Das Beratungsgespräch ist für viele Ratsuchende keine alltägliche Situation, sondern mit einer gewissen Anspannung verbunden, ähnlich wie bei einem Arztbesuch. Dabei kann Gesagtes überhört werden,

wenn z. B. der Ratsuchende intensiv mit eigenen Gedanken und Gefühlen befasst ist oder mit der Deutung von Mimik und Gestik des Beraters beschäftigt ist. Wichtige Botschaften sollten, besonders in einer Erstbegegnungssituation, erst nach einem Vorgespräch (Smalltalk), zur Herstellung einer angenehmen und entspannten Gesprächsatmosphäre angesprochen und eventuell wiederholt bzw. durch Rückfragen geklärt werden, um sicherzustellen, dass das Gesagte auch gehört wurde.

2. *„Gehört ist nicht verstanden"*: Der Ratsuchende hat zwar die an ihn gerichtete Botschaft gehört, kann damit aber zunächst nichts anfangen, weil er sie nicht erwartet hat. Er kann sie aufgrund fremdsprachlicher Defizite nicht verstehen, sie also nicht decodieren. Selbst bei gelungener Decodierung ist er womöglich nicht fähig, sie in sein kulturspezifisches Orientierungssystem einzuordnen. Wenn der Berater beispielsweise von Selbstständigkeit, Selbstverwirklichung, Eigeninitiative, Eigenverantwortlichkeit, Autonomie etc. spricht und der Ratsuchende in seiner lebensbiografischen Entwicklung und Sozialisationsgeschichte aber Abhängigkeit, Gehorsam, Folgsamkeit und Fremdbestimmtheit kennen gelernt hat, fehlen ihm zum Verständnis des Gehalts der Botschaft die entsprechenden Erfahrungen und Anknüpfungspunkte.

   Hier kann ein Gespräch über praxisnahe Fallbeispiele, in denen Themen wie Eigenständigkeit und Eigenverantwortlichkeit eine wichtige Rolle spielen, hilfreich sein. In einem solchen Gespräch über die Inhalte der Botschaft kann zudem festgestellt werden, inwieweit der Ratsuchende den Gehalt der Botschaft verstanden hat.

3. *„Verstanden ist nicht einverstanden"*: Ein Vorschlag, ein Ratschlag, ein Angebot wird zwar verstanden, eventuell wird sogar der für einen Selbst einleuchtende positive Wert des Vorschlags verstanden, aber man kann sich aus vielfältigen Gründen nicht damit einverstanden erklären, z. B. Glaubensüberzeugungen, Rücksichtnahme auf Familie, Freunde, Autoritäten, unvorhersehbare Konsequenzen, sich selbst zugeschriebene Leistungsschwächen, scheinbar nicht zu bewältigende Anforderungen und unüberwindlich erscheinende Risiken. Ob der Ratsuchende mit einem Angebot einverstanden ist oder nicht, lässt sich nicht so leicht feststellen. Der Ratsuchende weiß in der Beratungssituation womöglich selbst noch nicht sicher, ob er damit einverstanden sein kann. Verbale Zustimmung ist schnell erzielbar, aber ob danach entsprechendes konsequentes Entscheiden und Handeln im weiteren Verlauf der Arbeits- und Lebensgestaltung erfolgt, bleibt oft ungeklärt.

4. *„Einverstanden ist nicht behalten"*: Einen Ratschlag zu verstehen und mit ihm einverstanden zu sein, heißt noch nicht, dass er im Bezug auf Anwendung, Ausführung und konsequenter Durchführung behalten wird. Widerstände,

Belastungen und schwer zu ertragende Beschwernisse bremsen und reduzieren die Bedeutung des Ratschlags, den Tatendrang, die eingesetzte Energie und lassen ihn in Vergessenheit geraten. Wiederholtes Nachfragen, inwieweit der Rat umgesetzt wurde und welche Erfahrungen damit gemacht wurden, verhindert diese Entwicklung.

5. *„Behalten ist nicht angewandt"*: Was im Beratungsgespräch besprochen wird ist oft recht theoretisch. Erst die Anwendung in der Praxis offenbart die unterstützenden Kräfte, aber zugleich auch die Widerstände, die einer erfolgreichen Problemlösung und Zielerreichung entgegenstehen. Auf dem Weg der Befolgung von Ratschlägen in der Praxis sind nicht nur Verständnis, Einsicht und guter Wille sowie Beharrlichkeit für den Erfolg entscheidend, sondern auch die Verinnerlichung der Impulse zum Handeln und das Überführen des Ratschlags in die selbstverständliche, persönliche und berufliche Alltagsroutine. Die bei der Anwendung des Ratschlags zu erwartenden Widerstände und die Möglichkeiten, sie zu überwinden, sollten schon im Beratungsgespräch angesprochen werden. Passende Fallbeispiele gelungener Anwendung sind dabei hilfreich.

6. *„Angewandt ist nicht beibehalten"*: Aus Angst vor Versagen, Fehlschlägen und Rückschlägen werden manche Ratschläge zwar bis zur Anwendung gebracht, gleichsam probehalber, um z. B. den zu erbringenden psychischen und physischen Aufwand zu testen, aber dann womöglich wieder fallengelassen. Die Erfahrung aber zeigt, dass manches Vorhaben nur dann wirklich optimal funktioniert, wenn es einige Zeit lang praktiziert und dabei immer weiter verbessert wird. Der erlebte Grad der Verbesserung verläuft mit der Häufigkeit der Anwendung bei vielen Handlungen nicht kontinuierlich, sondern wird durch mehr oder weniger lang anhaltende Stillstände unterbrochen. Es geht dann irgendwie nicht mehr weiter, es funktioniert nicht mehr so reibungslos wie bisher erfahren und vermutet. Entscheidend ist dann für den weiteren Leistungsfortschritt, kontinuierlich mit der Anwendung fortzufahren. Solche Unterbrechungen und Stillstände sind aus dem Bereich des Erlernens handwerklicher, aber auch geistiger Fertigkeiten gut bekannt. Meisterschaft wird auch bei auftretendem Stillstand und bei Rückschlägen nur mit dauerhaftem Beibehalten der Anwendung erreicht.

Die Konsequenz aus diesen Leitsätzen: Je besser der Berater den Ratsuchenden kennt und sich in dessen aktuelle psychische Befindlichkeit und Lebenssituation einfühlen kann, umso höher ist die Wahrscheinlichkeit, dass das Gesagte und Vermittelte nicht nur verstanden wird, sondern auch dauerhaft die Eigen- und Fremdwahrnehmung der Flüchtlinge/Migranten, ihr Denken, Empfinden, ihre

Motivation und Handeln so nachhaltig beeinflusst wird, dass gelungene Integration möglich wird.

Wie kann das erreicht werden? Das in der Flüchtlingsberatung tätige Fachpersonal kann im Verlauf einer kritischen Selbstreflexion feststellen, welche förderlichen Eigenschaften man zum aktuellen Zeitpunkt bei sich selbst erreicht hat und was davon noch entwickelt, gefördert und gefestigt werden kann. Diese Analyse der eigenen Stärken und Schwächen erhöht und stärkt die vom Auftraggeber erwartete und im Zuge der Selbstvergewisserung gewünschte eigene Leistungsfähigkeit und das Wohlbefinden der Berater.

Um das in einem erfolgreich absolvierten interkulturellen Training oder im Selbststudium, mithilfe von Fachbüchern und in der Berufspraxis gewonnenen Erfahrungen, unterstützt durch Selbstkommandos Gelernte, effektiv in Beratungshandeln umsetzen zu können, sind bestimmte Persönlichkeitseigenschaften förderlich. Diese garantieren zwar keinen Beratungserfolg, aber sie erhöhen dessen Erfolgswahrscheinlichkeit. Einschlägige Forschungen weisen folgende **personale, handlungsrelevante Erfolgsfaktoren** aus:

1. *Sozial-kommunikative Kompetenz,* speziell Kontakt- und Kommunikationsfreudigkeit, Überzeugungskraft durch Sprache, Mimik und Gestik. Fähigkeit zu variablen Konfliktlösungen.
2. *Neugier und Offenheit* für Neues, Andersartiges und Fremdartiges.
3. *Selbstsicherheits-/Selbstwirksamkeitsbewusstsein,* in Verbindung mit dem Bewusstsein die Kraft zu besitzen, etwas zu beeinflussen und zu verändern.
4. *Empathie,* Einfühlungsvermögen, sich in die Befindlichkeitslage des Ratsuchenden, seine Hoffnungen und Wünsche, seine Fähigkeiten und Fertigkeiten hinein zu versetzen.
5. *Verhaltensflexibilität,* die Fähigkeit sich auf Unerwartetes, Neuartiges einzustellen und positiv damit umgehen zu können. Flexibilität im Umgang mit Problemstellungen und Widerständen.
6. *Ambiguitätstoleranz,* Vieldeutigkeiten, Widersprüche und Unsicherheiten zur Kenntnis nehmen, sie als Selbstverständlichkeiten ertragen und damit umgehen zu können.
7. *Ethnische Toleranz und Wertschätzung* gegenüber kulturell bedingt andersartigen Einstellungen, Denkstrukturen und Verhaltensweisen.
8. *Fähigkeit zum Perspektivenwechsel,* die eigenen Perspektiven, Vorstellungen und Überzeugungen als eine mögliche Spielart unter vielen anderen betrachten und entsprechend flexibel darauf reagieren zu können, sowie Vertrautes und Gewohntes unter neuen Gesichtspunkten zu betrachten und zu bewerten.

9. *Physische und psychische Belastbarkeit* meint die Fähigkeit, sich nicht so schnell aus der Ruhe bringen zu lassen, selbst dann nicht, wenn die Belastungen ansteigen und nicht alles so läuft wie gewünscht.

Wenn Unterstützer und Helfer zur Förderung der Integration von Migranten und Flüchtlingen im Berufskontext ausgebildet sind und weiter geschult werden, dann sind viele fachspezifische Anforderungen, von juristischen über finanzielle, ökonomische, beschäftigungs- und berufsspezifische, organisatorische sowie bildungsspezifische zu vermitteln und zu meistern. Der Erwerb interkultureller Kompetenz erscheint dabei oft, aus Sicht des Beratenden wie des Ratsuchenden, von zweitrangiger Bedeutung zu sein. Tatsächlich aber ist ein gewisses Maß an interkultureller Handlungskompetenz als Schlüsselqualifikation von zentraler Bedeutung für den nachhaltigen Erfolg der Beratungs- und Unterstützertätigkeit und damit für die kulturelle Integration von Flüchtlingen und Migranten im beruflichen Kontext.

Das Fachpersonal in der Beratung hat unter interkulturellen Aspekten betrachtet drei Aufgaben zu leisten:

1. Erwerb von Kenntnissen über das kulturelle Orientierungssystem der zu beratenden Flüchtlinge und Migranten.
2. Erwerb von Kenntnissen über das eigene kulturelle Orientierungssystem.
3. Die durch kulturelle Unterschiede in der Wahrnehmung, im Denken, im Empfinden und Handeln der interagierenden Personen, Berater und Ratsuchender, bedingten Widersprüche und Differenzen zu erkennen und die daraus entstehenden Irritationen und Verunsicherungen aufzufangen und zu bewältigen.

Dazu sind Kenntnisse der Alltagskultur, der Bildungs- und Arbeitswelt, der religiösen, politischen, sozialen, gesellschaftlichen und ökonomischen Strukturen und Dynamiken im Herkunftsland der ratsuchenden Flüchtlinge und Migranten nötig und hilfreich.

Hinzukommen müssen Kenntnisse über das eigenkulturelle Orientierungssystem, besonders die handlungsrelevanten Kulturstandards und die Fähigkeit, deren Wirkungen im Handlungsvollzug zu erkennen. Dies lässt sich in Rollenspielen einüben.

Die Selbstkommandos dienen dazu, die kulturell bedingten Differenzen zu erkennen, zu minimieren und zu verarbeiten.

Die kontinuierliche Entwicklung und Verfeinerung der Erfolg fördernden Persönlichkeitseigenschaften (Kap. 8) und die Beachtung der Stufenfolge vom

Hören des Beratungsvorschlags über seine Anwendung bis zum Beibehalten, fördern die nachhaltige Wirksamkeit der beratenden und unterstützenden Aktivitäten.

Auf diese Weise wird die Fähigkeit von Flüchtlingen und Migranten gefördert, sich bei Würdigung und zum Teil Beibehaltung ihrer eigenen kulturellen Orientierungen, in die deutsche Kultur, d. h. in die in Deutschland üblichen, kollektiv geteilten, kulturellen Orientierungen zu integrieren.

Schlussfolgerungen 10

1. Ob es um den Einsatz von Fach- und Führungskräften in der Wirtschaft, in der Entwicklungszusammenarbeit, in der Verwaltung oder in den Sicherheitsdiensten im Ausland geht oder um die Zusammenarbeit mit Flüchtlingen/Migranten im Inland, in allen diesen Fällen führen kulturell bedingt kritische Interaktionssituationen zu Missverständnissen, Irritationen und Konflikten, die nur mithilfe interkultureller Handlungskompetenz einigermaßen zufriedenstellend und zielführend zu lösen sind.

2. Eine eher **allgemeine Sensibilisierung** für die Handlungswirksamkeit kultureller Unterschiede und eine entsprechende **allgemeine interkulturelle Handlungskompetenz** sind schon recht wirksam, kognitive und emotionale Belastungen, die durch Inkompatibilitäten zwischen erwarteten und tatsächlich beobachteten Verhaltensreaktionen und Handlungsweisen bedingt sind, zu reduzieren.

   Ein den situativen Bedingungen, in denen die Interaktionen stattfinden, und dem gesetzten Ziele angemessenes und zufriedenstellendes interaktives Verhalten erfordert aber in jedem Fall eine dem Handlungsfeld angemessene **spezifische interkulturelle Handlungskompetenz.**

3. Flüchtlinge/Migranten bringen kulturspezifisch andere Voraussetzungen und Erwartungen in die Interaktionssituation ein als beispielsweise Entwicklungsexperten oder wirtschaftlich tätige Fach- und Führungskräfte. Auch die Zielsetzungen, Erwartungen und fachlichen Qualifikationen der deutschen Kontaktpartner an ihre eigene Arbeit und an die von Flüchtlingen und Migranten zu erwartenden Leistungen (Integrationsleistungen) sind kulturspezifisch und fachspezifisch geprägt.

4. Während interkulturelle Herausforderungen für eine Fach- und Führungskraft im Auslandseinsatz auf das spezifische Aufgabenfeld und den jeweiligen Arbeitsbereich konzentriert und damit eingegrenzt sind, haben die in der

© Springer Fachmedien Wiesbaden GmbH, ein Teil von Springer Nature 2018
A. Thomas, *Kulturelle Integration von Migranten und Flüchtlingen im
Berufskontext,* essentials, https://doi.org/10.1007/978-3-658-22654-1_10

Arbeit mit Flüchtlingen und Migranten tätigen Fachkräfte sehr viel individuellere, lebensthematisch, biografisch und existenziell komplexere Problemlagen zu bewältigen. Zudem haben sie es in ihrer Arbeit mit Flüchtlingen und Migranten in der Regel also mit Personen sehr unterschiedlicher kultureller Prägung zu tun. Der Erwerb einer allgemeinen oder auf eine spezifische Kultur hin ausgerichtete interkulturelle Handlungskompetenz reicht für diese Arbeit nicht aus.

5. Zum erfolgreichen Umgang mit Flüchtlingen und Migranten, die erfahrungsgemäß alle eine sehr unterschiedliche kulturelle Sozialisation erfahren haben, wird von den deutschen Fachkräften eine **interkulturelle Integrationskompetenz** erforderlich sein. Diese Kompetenz beinhaltet die Fähigkeit des Lernens von „Kultur kennen lernen". Es geht dabei also nicht allein darum, Ausprägungen von Kulturdimensionen (Hofstede) oder Kulturstandards (Thomas/Schroll-Machl) und ihre Wirkungen in unterschiedlichen Kulturen zu kennen und beim Auftreten und zur Bewältigung kulturell bedingt kritischer Interaktionssituationen zu analysieren, um sie zur Handlungssteuerung zum Einsatz zu bringen. Interkulturelle Integrationskompetenz erfordert Kenntnisse und Fertigkeiten, aus dem alltäglichen Umgang mit Flüchtlingen und Migranten und den dabei auftretenden kritischen Interaktionssituationen die kulturspezifischen Orientierungssysteme der beteiligten Personen zu entdecken, zu erkunden, zu analysieren und in Bezug auf die eigenen Handlungsintentionen zu bewerten. Dazu sind differenzierte Kenntnisse der oben aufgeführten Kulturdimensionen und Kulturstandards in Verbindung mit der Einübung der genannten Selbstkommandos sicher von Nutzen.

6. Das Lernen zum „Kultur kennen lernen" ist immer ein sehr individueller Prozess und er wird nie abgeschlossen sein. Einrichtungen, die Fachkräfte für die Arbeit mit Flüchtlingen/Migranten ausbilden, sollten vorrangig diese Kompetenz schulen.

7. Entscheidungen, Vorschläge zum Lernen oder das Vermitteln von Wissen, Einsichten und Einstellungen sowie das Einüben von Fähigkeiten und Fertigkeiten sind immer von zentraler Bedeutung. Deutsche Berater und Beraterinnen greifen dabei, wie selbstverständlich, auf das zurück, was sie selbst erfahren und gelernt haben, was sie bisher als richtig, stimmig und zielführend erkannt und praktiziert haben und von dem sie überzeugt sind, dass man damit sein Leben in Deutschland gut meistern kann. Diese eigenen Überzeugungen werden diese als Selbstverständlichkeit zu vermitteln und falls erforderlich, auch rational zu begründen versuchen. Eine erfolgreiche und fachlich kompetente Beratung

und Unterstützung in der Flüchtlings- und Migrantenarbeit verlangt im Zuge der Entwicklung interkultureller Handlungskompetenz aber eine Erweiterung dieser eigenkulturellen Selbstverständlichkeiten durch vertiefte Kenntnisse, Anerkennung und Wertschätzung der Kulturstandards, die Flüchtlinge und Migranten mitbringen und für selbstverständlich und bedeutsam halten.

Was Sie aus diesem *essential* mitnehmen können

- Anregungen zur eigenständigen Entwicklung handlungswirksamer Beratungsverfahren in der Migrations- und Flüchtlingsarbeit
- Verständnis gewinnen für die Bedeutung und Wirkungen unterschiedlicher Formen von Akkulturation im Zusammenhang mit den Anforderungen an die Migranten und Flüchtlinge sowie an die aufnehmende Gesellschaft
- Kenntnisse über Merkmale und Entwicklungen der Anforderungen, die von Helfern und Unterstützern in der Migrations- und Flüchtlingsarbeit zu bewältigen sind
- Anregungen und Hinweise für eine wirksame Beratungspraxis
- Praxisnahe wissenschaftliche Erkenntnisse zu Bedingungen, Verlaufsprozessen und Wirkungen interkultureller Handlungskompetenz für die Integrationsarbeit

© Springer Fachmedien Wiesbaden GmbH, ein Teil von Springer Nature 2018
A. Thomas, *Kulturelle Integration von Migranten und Flüchtlingen im Berufskontext,* essentials, https://doi.org/10.1007/978-3-658-22654-1

Literatur

Abt, H. (2008). Interkultureller Dialog mit Migranten in sozialen und öffentlichen Einrichtungen. In A. Thomas (Hrsg.), *Psychologie des interkulturellen Dialogs* (S. 228–247). Göttingen: Vandenhoeck & Ruprecht.

Berry, J. M. (1997). Migration, acculturation and adaptation. *Applied Psychology: An International Review, 46,* 5–34.

Berry, J. M. (2001). A psychology of immigration. *Journal of Social Issues, 57,* 615–631.

Boesch, E. E. (1980). *Kultur und Handlung. Eine Einführung in die Kulturpsychologie.* Bern: Huber.

Faist, T. (1994). Ein- und Ausgliederung von Migranten: Türken in Deutschland und mexikanische Amerikaner in den USA in den achtziger Jahren. *Soziale Welt, 44,* 275–299.

Havighurst, R. J. (1992). *Developmental tasks and education* (3. Aufl.). New York: Basic. Books.

Hofstede, G. (1980). *Culture's consequences: International differences in work-related values.* Beverly Hills: Sage.

Kammhuber, S. (2000). *Interkulturelles Lernen und Lehren.* Wiesbaden: Deutscher Universitätsverlag.

Kinast, E.-U. (2005). Interkulturelles Training. In E.-U. Thomas, A. Thomas, & S. Schroll-Machl (Hrsg.), *Handbuch interkultureller Kommunikation und Kooperation: Bd. 1. Grundlagen und Praxisfelder* (2. Aufl., S. 181–203). Göttingen: Vandenhoeck & Ruprecht.

Landis, D., & Bhagat, R. S. (1996). *Handbook of intercultural training* (2. Aufl.). Thousand Oaks: Sage.

Landis, D., Bennett, J. M., & Bennett, M. J. (2004). *Handbook of intercultural training* (3. Aufl.). Thousand Oaks: Sage.

Leenen, R. (2007). Interkulturelles Training: Psychologische und Pädagogische Ansätze. In J. Straub, A. Weidemann, & D. Weidemann (Hrsg.), *Handbuch interkultureller Kommunikation und Kompetenz* (S. 773–783). Stuttgart: Metzler.

Lewin, K. (1953). *Die Lösung sozialer Konflikte.* Bad Nauheim: Christian.(Erstveröffentlichung 1948).

Mitterer, K., Mimler, R., & Thomas, A. (2013). *Beruflich in Indien. Trainingsprogramm für Manager, Fach- und Führungskräfte* (2. Aufl.). Göttingen: Vandenhoeck & Ruprecht.

© Springer Fachmedien Wiesbaden GmbH, ein Teil von Springer Nature 2018
A. Thomas, *Kulturelle Integration von Migranten und Flüchtlingen im Berufskontext,* essentials, https://doi.org/10.1007/978-3-658-22654-1

Reimer-Conrads, T., & Thomas, A. (2009). *Beruflich in den arabischen Golfstaaten. Trainingsprogramm für Manager, Fach- und Führungskräfte.* Göttingen: Vandenhoeck & Ruprecht.

Schönpflug, U. (1999). Akkulturation und Entwicklung: Die Rolle dispositioneller persönlicher Ressourcen für die Ausbildung ethnischer Identität türkischer Jugendlicher in Deutschland. In I. Gogolin & B. Nauck (Hrsg.), *Migration, gesellschaftliche Differenzierung und Bildung* (S. 129–155). Opladen: Leske & Buderich.

Schönpflug, U. (2003). Migration aus kulturvergleichender psychologischer Perspektive. In A. Thomas (Hrsg.), *Kulturvergleichende Psychologie* (2. Aufl., S. 515–541). Göttingen: Hogrefe.

Schroll-Machl, S. (2013). *Die Deutschen – Wir Deutsche. Fremdwahrnehmung und Selbstsicht im Berufsleben* (4. Aufl.). Göttingen: Vandenhoeck & Ruprecht.

Schroll-Machl, S. (2016). *Beruflich in Babylon. Das interkulturelle Einmaleins weltweit.* Göttingen: Vandenhoeck & Ruprecht.

Schwarz, B. (2007). Jugend im Kulturvergleich. In G. Trommsdorff & H.-J. Kornadt (Hrsg.), *Enzyklopädie der Psychologie, Kulturvergleichende Psychologie: Bd. 2. Erleben und Handeln im kulturellen Kontext* (S. 599–641). Göttingen: Hogrefe.

Sun Tsu Wu. (ca. 400 v. Chr.). Wahrhaftig siegte wer nicht kämpft- Die Kunst der richtigen Strategie. In *deutscher Übersetzung, 1997* (4. Aufl.). Freiburg: Hermann Bauer.

Thomas, A. (1991). *Kulturstandards in der internationalen Begegnung. SSIP – Bulletin Nr. 61.* Saarbrücken: Breitenbach.

Thomas, A. (1996). *Psychologie interkulturellen Handelns.* Göttingen: Hogrefe.

Thomas, A. (2003). Psychologie interkulturellen Lernens und Handelns. In A. Thomas (Hrsg.), *Kulturvergleichende Psychologie* (2. Aufl., S. 433–485). Göttingen: Hogrefe.

Thomas, A. (2009). Interkulturelles Training. In *Gruppendynamik & Organisationsberatung* (2, S. 128–152). Wiesbaden: VS Verlag.

Thomas, A. (2011a). Das Kulturstandardkonzept. In W. Dreyer & U. Hößler (Hrsg.), *Perspektiven interkultureller Kompetenz* (S. 97–124). Göttingen: Vandenhoeck & Ruprecht.

Thomas, A. (2011b). *Interkulturelle Handlungskompetenz. Versiert, angemessen und erfolgreich im internationalen Geschäft.* Wiesbaden: Gabler & Springer.

Thomas, A. (2014). *Wie Fremdes vertraut werden kann. Mit internationalen Geschäftspartnern zusammenarbeiten.* Wiesbaden: Springer.

Thomas, A. (2016). *Interkulturelle Psychologie. Verstehen und Handeln in internationalen Kontexten.* Göttingen: Hogrefe.

Thomas, A., et al. (2001–2015). *Buchreihe: „Handlungskompetenz im Ausland". Trainingsmaterial für deutsche Manager, Fach- und Führungskräfte: „Beruflich in.... " für 40 Kulturen/Länder weltweit.* Göttingen: Vandenhoeck & Ruprecht.

Triandis, H. C. (1984). A theoretical framework for the more effective construction of culture assimilators. *International Journal of Intercultural Relations, 8,* 301–330.

Triandis, H. C., & Vassiliou, V. (1972). A comparative analysis of subjective culture. In H. C. Trinadis, et al. (Hrsg.), *The analysis of subjective culture* (S. 299–335). New York: Wiley.

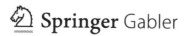